LES ÉVOLUTIONS INSTITUTIONNELLES EN OUTRE-MER AU XXIe SIÈCLE

Logiques politiques

Collection dirigée par Bruno Péquignot,
Jean-Paul Chagnollaud et Denis Rolland

Créée en 1991 par Pierre Muller, puis dirigée par Yves Surel, la collection « Logiques politiques » a pour vocation principale de publier des ouvrages de science politique, ainsi que des livres traitant de thématiques politiques avec un autre angle disciplinaire (anthropologie, économie, philosophie, sociologie). Elle rassemble des recherches originales, tirées notamment de travaux de doctorat, ainsi que des ouvrages collectifs sur des problématiques contemporaines. Des séries thématiques sont également en cours de développement, l'une d'entre elles visant à publier des ouvrages de synthèse sur les systèmes politiques des États-membres de l'Union européenne.

Dernières parutions

Robert LLOANCY, *Du sionisme à l'universalisme : L.-L. Zamenhof*, 2023.

Aurélie BAYEN-POISSON, Arnaud DE RAULIN (dir.), *Les systèmes d'alerte et la démocratie rénovée*, 2023.

Quentin COUVREUR, *Les relations politiques Europe-Taïwan. Entre coopération dynamique et solidarité démocratique*, 2023.

Zachary DE SAINT-MÈDE, *Les visites officielles de la reine Elizabeth II en pays étrangers*, 2023.

Dominique VILLEMOT, *Qu'est-ce que le macronisme ?*, 2023.

Georges CONTOGEORGIS, *La démocratie comme liberté*, 2023.

Sabine CHOQUET, *La Violence de l'État*, 2022.

Henri BOUILLON, *Le préfet. Histoire, statut, fonctions*, 2022.

Fabrice HAMELIN, *Petite histoire politique du 80 km/h*, 2022.

Christine GALAVIELLE, *France-Allemagne, Face-à-face ou la main dans la main*, 2022.

Jean Luc Uguen

LES ÉVOLUTIONS INSTITUTIONNELLES EN OUTRE-MER AU XXIe SIÈCLE

L'Harmattan

DU MÊME AUTEUR

Les élus et l'argent (Editions Syros, 1995).

La Bretagne électorale avec J-J. Urvoas (Editions Apogée, 1996).

Le bonheur d'être maire (Editions Outre-Manche, 2015).

L'Association Sportive Brestoise, d'hier et d'aujourd'hui avec J-G Moreau (Editions Le Petit Bleu, 2020).

Brest-Liverpool, sœurs jumelles (Editions Nombre7, 2021).

5-7, rue de l'École-Polytechnique – 75005 Paris

www.editions-harmattan.fr

ISBN : 978-2-336-41433-1
EAN : 9782336414331

REMERCIEMENTS

À toutes celles et tous ceux qui, tout au long de mes pérégrinations dans les Outre-mer, ont pris de leur temps pour m'aider à mieux comprendre ces territoires si prégnants…

INTRODUCTION

Des colonies aux Outre-mer

Depuis la fin de la Seconde Guerre mondiale, la présence française en Outre-mer (Caraïbe, Océan indien, Pacifique) n'a cessé de connaître des évolutions institutionnelles et politiques conséquentes.

Au plan institutionnel, la Constitution du 27 octobre 1946 avait créé la catégorie des départements d'Outre-mer (DOM) et des territoires d'Outre-mer (TOM). Elle donnait rétroactivement une base constitutionnelle à la loi du 19 mars 1946 dite de départementalisation.

Les colonies françaises des Antilles (Guadeloupe, Martinique), de Guyane et La Réunion avaient réclamé, dès la seconde moitié du XIXème siècle, une assimilation de leur territoire et de leur population à la France. Cette revendication était portée par une partie des élus locaux et des parlementaires, et partagée par la majorité des populations locales.

Au lendemain de la Libération, à l'initiative d'Aimé Césaire, la loi n°46-451du 19 mars 1946 érigeait donc en départements les « *quatre vieilles* » colonies, Guadeloupe, Martinique, Guyane et La Réunion.

La transformation des colonies en départements représentait, pour La Réunion et les territoires des Antilles-Guyane, à la fois la fin du régime colonial, structurellement et juridiquement inégalitaire, l'assimilation à la métropole, l'appartenance entière à la nation française et l'entrée dans un rapport complet d'égalité entre les populations de ces ex-colonies et celles de la France hexagonale.

Dans la Constitution du 27 octobre 1946, le régime des départements d'Outre-mer obéit à un principe d'assimilation. Il est calqué sur le droit métropolitain, sauf exceptions déterminées par la loi. Les territoires d'Outre-mer sont dotés d'un statut particulier tenant compte de leurs intérêts propres au sein de la République.

La Constitution de 1958 reprend ces deux catégories de collectivités d'Outre-mer, les DOM et les TOM. L'expression « *DOM-TOM* » devient commune pour désigner l'ensemble de l'Outre-mer français.

Le texte de 1958 ne fait aucune différence entre les départements métropolitains et ceux situés Outre-mer. Cette analogie résulte de son article 72 qui, dans son énumération des collectivités de la République, cite, à l'origine, « *les communes, les départements, les territoires d'Outre-mer* ».

Les départements d'Outre-mer ne forment pas une catégorie particulière de collectivités de la République. Leur organisation administrative est très proche de celle des départements métropolitains.

Pour autant, à compter de la révision constitutionnelle du 28 mars 2003, la catégorie « *Territoire d'Outre-mer* » disparait. La Constitution en son article 72-3 énumère les collectivités relevant de son article 73 et du principe d'identité législative (Guadeloupe, Guyane, Martinique, La Réunion, Mayotte) et celles relevant de son article 74 et du principe de spécialité législative (Polynésie française, St Barthélémy, St Martin, St Pierre et Miquelon, Wallis et Futuna).

L'article 72-3 en son 3ème alinéa précise enfin que la Nouvelle-Calédonie est régie par le Titre XIII de la Constitution, comme suite à la loi constitutionnelle n°98-610 du 20 juillet 1998 portant dispositions transitoires relatives à la

Nouvelle-Calédonie, tandis que le dernier alinéa de cet article 72-3 dispose que le régime législatif et l'organisation des Terres australes et antarctiques françaises ainsi que de Clipperton relève de la loi.

Au final, douze territoires relèvent aujourd'hui des Outre-mer.

Au plan politique, ces évolutions institutionnelles ont impacté jusqu'à l'organisation gouvernementale du pays. En créant l'Union Française, la Constitution de la Quatrième République faisait de toutes les colonies, des territoires d'Outre-mer.

Dans le même temps, le Ministère des colonies qui avait été créé à la fin du XIXème siècle était, pour éviter de consacrer la suprématie de la métropole, remplacé en 1946 par le Ministère de la France d'Outre-mer.

Toutefois la sphère d'intervention de ce ministère n'a cessé de décroître au fil des décolonisations.

Au lendemain de l'indépendance algérienne, le ministère devint celui des Départements et Territoires d'Outre-mer, les pays ayant accédé à l'indépendance relevant du nouveau Ministère de la coopération, créé en 1959.

Depuis 2012, on parle désormais du Ministère des Outre-mer pour mettre l'accent sur la diversité des territoires qui relèvent de sa compétence. Ce vocable était précédemment apparu dans la loi du 27 mai 2009 pour le développement économique des Outre – mer.

Parallèlement, à compter de 1980 et pendant plus de trente ans, sous des majorités politique de droite comme de gauche, de nombreux textes législatifs sont venus bouleverser le paysage institutionnel ultramarin.

Ainsi, la loi du 2 mars 1982 relative aux droits et libertés des communes, des départements et des régions transposait sur les territoires de Guadeloupe, de Guyane, de Martinique et de La Réunion, l'organisation territoriale retenue en métropole mais en superposant, sur un même territoire, une collectivité de niveau régional à celle de niveau départemental existant.

Divers autres textes concernant notamment l'autonomie de la Polynésie française (lois de 1984 et 1996) jusqu'à la loi constitutionnelle de 1998 relative à la Nouvelle-Calédonie allaient participer du même mouvement.

A compter de l'an 2000, le mouvement va s'accélérer.

Le 13 décembre 2000 était promulguée la loi d'orientation pour l'Outre-mer qui institue dans les DOM, un « *Congrès* » réunissant les conseillers régionaux et départementaux des régions monodépartementales pour délibérer de toute proposition institutionnelle et qui les autorise à négocier des accords internationaux avec les Etats de leur région.

La révision constitutionnelle du 28 mars 2003 relative à l'organisation décentralisée de la République comportait des dispositions relatives aux collectivités territoriales situées Outre-mer créant les DROM (Départements et Régions d'Outre-mer) et les Collectivités d'Outre-mer (COM), tout en supprimant la catégorie de Territoire d'Outre-mer comme indiqué précédemment (et en conservant un statut particulier pour les Terres australes et antarctiques françaises-TAAF et l'île de Clipperton).

Source : IEDOM/IEOM

De plus, la notion de « *peuples d'Outre-mer* » issue du texte de 1958 disparaît dans la nouvelle rédaction : « la République reconnaît, au sein du peuple français, les populations d'Outre-mer » (article 72-3 alinéa 1er).

Deux régimes législatifs pour l'Outre-mer vont dès lors coexister et rassembler l'ensemble des collectivités ultramarines à l'exception de celles de Nouvelle-Calédonie et des Terres australes et antarctiques françaises (TAAF) :

– Le régime de l'identité législative prévu à l'article 73 de la Constitution, concerne les départements et régions d'Outre-mer, ainsi que les collectivités créées conformément à cet article 73, dernier alinéa. Les lois et règlements nationaux sont applicables de plein droit dans ces Outre-mer. Pour tenir compte des spécificités ultramarines, des adaptations sont néanmoins possibles.

  Celles-ci peuvent être demandées par le Parlement et le Gouvernement ou par les collectivités, si elles y ont été autorisées par la loi. Il en est ainsi, par exemple, pour la TVA qui n'existe pas en Guyane et à Mayotte et où les taux sont minorés en Guadeloupe, Martinique, La Réunion (taux normal 8,5%, taux réduit 2,1%).

  A l'inverse, l'octroi de mer est une taxe locale, dont les taux sont fixés par les assemblées locales, portant sur les importations pour protéger les productions locales et servant au financement des collectivités locales ultramarines. Cette taxe très contestée, car réputée entre autres, concourir à une concurrence déloyale et à la cherté de la vie. Ce dispositif a néanmoins pu être reconduit pour la période 2022-2027, suite à une décision du Conseil de l'Union européenne du 21 juin 2021.

  Ces collectivités peuvent aussi élaborer des règlements portant sur certaines questions relevant du domaine de la loi, à l'exception des matières « *réga-liennes* » (fiscalité, police, justice…).

- Le régime de spécialité législative et d'autonomie de l'article 74 de la Constitution, concerne les collectivités d'Outre-mer (COM) : une loi organique définit le statut particulier de chaque collectivité, soumise à ce régime et détermine également les lois qui s'y appliquent. Les assemblées locales peuvent élaborer des règlements relevant du domaine de la loi, à l'exclusion des matières régaliennes, hors la fiscalité. Ces collectivités disposent, en effet, d'une autonomie fiscale, c'est à dire de la capacité juridique de définir et d'appliquer elles-mêmes leur propre législation fiscale, en lieu et place de celle applicable dans les autres territoires de la République. Il en va de même en matière de cotisations sociales et de régime de protection sociale.
  De plus, la Polynésie française, Wallis et Futuna et la Nouvelle-Calédonie ont comme monnaie, non pas l'Euro mais le Franc pacifique (CFP).

A partir de là, de nombreux textes vont intervenir, touchant tous les Outre-mer, sauf un, certains constituant de simples évolutions des statuts existants, d'autres provoquant de véritables changements sur des territoires eux-mêmes très divers en termes de développement économique.

En fait seul Wallis et Futuna va échapper à tout changement et continue d'être régi par la loi du 29 juillet… 1961 !

Le statut de la Polynésie évolue ainsi vers une autonomie renforcée via une loi organique, complétée par une loi ordinaire, promulguées toutes deux, le 27 février 2004 puis précisée par une loi organique du 5 juillet 2019.

Le 21 février 2007 est promulguée une loi organique mettant en œuvre pour l'Outre-mer, la révision de la

Constitution du 28 mars 2003 en matière de décentralisation. Ce texte génère de nombreux changements.

Aux termes de ce texte et après avoir reçu une habilitation du Parlement national, les assemblées des départements d'Outre-mer (DOM) peuvent adapter localement les lois et décrets nationaux.

Mayotte devient également, sous l'appellation de « *Collectivité Départementale de Mayotte* », une collectivité d'Outre-mer (COM).

Les compétences de la COM de Saint-Pierre-et-Miquelon sont élargies en matière de fiscalité, d'urbanisme et d'exploitation de la zone économique exclusive.

Devenant autonomes du département et région d'Outre-mer (DROM) de la Guadeloupe, les deux communes de Saint-Martin et Saint-Barthélemy deviennent collectivités d'Outre-mer (COM). Elles disposent désormais, d'un conseil territorial élu pour cinq ans.

Les nouvelles compétences de ces deux collectivités s'étendent notamment à la fiscalité. Toutefois, la fiscalité directe nationale continue de s'appliquer à celles et ceux qui ne peuvent justifier de cinq ans de résidence sur ces deux îles.

Enfin cette loi actualisait également le statut des Terres australes et antarctiques françaises (TAAF).

Le 29 mars 2009, consultée par référendum, la population de Mayotte se prononçait en faveur de la départementalisation du territoire.

Dans la foulée, le 3 août 2009, était promulguée la loi organique n° 2009-969 relative à l'évolution institutionnelle de la Nouvelle-Calédonie et à la départementalisation de Mayotte.

Cette loi précisait, dix ans après la loi organique du 19 mars 1999, les nouvelles compétences de la Nouvelle-Calédonie, des provinces néo-calédoniennes et de l'État à compter du mandat du Congrès de Nouvelle-Calédonie, issu des élections provinciales du 10 mai 2009.

L'article 63 actait également, pour 2011 la transformation de la Collectivité départementale de Mayotte en un « *Département* ».

Dans ce cadre, le 7 décembre 2010 avaient été promulguées les lois organique et ordinaire relatives au département de Mayotte qui visaient à permettre la transformation de Mayotte en Département et le 31 mars 2011, la Collectivité départementale de Mayotte devenait « *le 101ème département français et le 5ème département d'outre-mer* ».

Pourtant ce « *D* » majuscule est riche d'ambiguïté car les compétences de ce « Département » ne sont pas celles d'un département de droit commun mais plutôt celles d'une collectivité unique.

Le 24 janvier 2010, les électeurs de Guyane et de Martinique approuvaient la création d'une collectivité unique, exerçant les compétences dévolues au département et à la région, tout en demeurant régie par l'article 73 de la Constitution.

Si la Guadeloupe et La Réunion allaient faire le choix du statu quo, Martinique et Guyane optaient pour la collectivité unique, donnant lieu à la loi du 27 juillet 2011 relative aux collectivités territoriales de Guyane et Martinique.

Le 1er décembre 1999, dans une « *Déclaration de Basse-Terre* », les présidents des régions de Guadeloupe, Guyane et Martinique proposaient au président de la République et au gouvernement « *une modification législative voire constitutionnelle, visant à créer un statut nouveau de région d'Outre-mer doté d'un régime fiscal et social pour la Guadeloupe, la Guyane, la Martinique, dans le cadre de la République française d'une part et de l'Union européenne d'autre part (article 299-2 du traité d'Amsterdam* ».

Lors d'un déplacement en Martinique, en mars 2000, le président de la République Jacques Chirac déclarait : « *Les statuts uniformes ont vécu et chaque collectivité d'Outremer doit pouvoir désormais, si elle le souhaite, évoluer vers un statut différencié, en quelque sorte, un statut sur mesure* ».

Au terme d'un peu plus de vingt ans de nombreux bouleversements institutionnels, où certains n'hésitent pas à parler d'« *archipels de statuts*[1] » et au moment même où monte la demande de nouvelles évolutions, il semblait donc intéressant de se poser quelques instants pour faire un point sur l'état de notre droit dans, ce qu'il est convenu d'appeler aujourd'hui, les Outre-mer.

[1] « L'Outre-mer, un archipel de statuts » dans Libération du 29 novembre 2021

CHAPITRE I

Les statu quo

1. Les Departements et Regions d'Outre-mer (DROM)

La Guadeloupe et La Réunion n'ont guère été impactées par les évolutions propres à l'Outre-mer à l'exception de la révision constitutionnelle de 2003, actant le passage des départements d'Outre-mer (DOM) en départements et régions d'Outre-Mer (DROM). Pour le reste, elles demeurent régies par le droit commun des collectivités territoriales, s'appliquant à l'ensemble du territoire national, avec la possibilité d'« *adaptations tenant aux caractéristiques et contraintes particulières de ces collectivités* » (article 73 alinéa 1 de la Constitution) et pour la seule Guadeloupe, la capacité de fixer des règles applicables dans un nombre limité de matières, excluant notamment les domaines régaliens (article 73 alinéa 3 et 4 de la Constitution).

1.1. Guadeloupe

La Guadeloupe forme un archipel composé aujourd'hui de la Grande-Terre et de la Basse-Terre, séparées par un bras de mer appelé la Rivière salée, mais également des îles du Sud que sont la Désirade, Marie-Galante et les deux îles des Saintes (Terre-de-Haut et Terre-de-Bas). Les deux communes de Saint-Barthélémy et de Saint-Martin relevant précédemment de ce DROM ont pris en 2007 leur autonomie pour devenir collectivités d'Outre-mer.

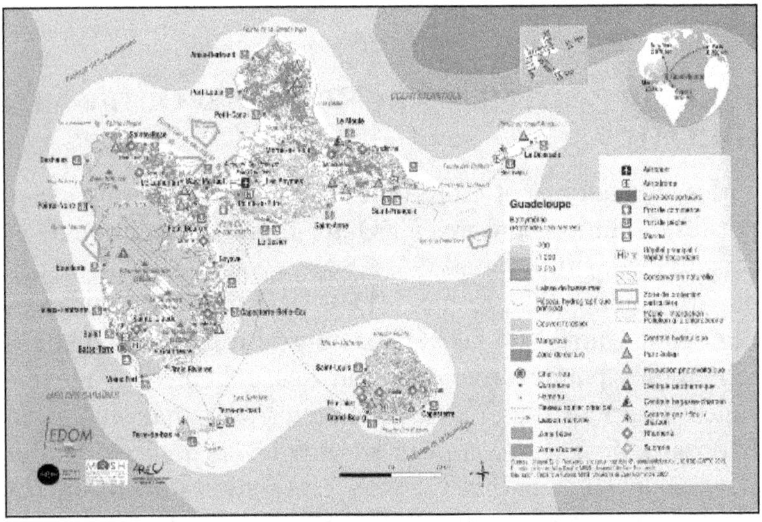

Source : IEDOM

Elle est peuplée d'environ 400 000 habitants répartis sur 1628 kms^2 dans seulement 32 communes[2], elles-mêmes regroupées au sein de deux communautés de communes et de quatre communautés d'agglomération.

Lorsqu'avait été envisagée, par le Président de la République, la tenue de consultations statutaires et institu-

---

[2] Ce qui est très peu et commun à tous les Outre-mer, par rapport aux départements métropolitains de même taille ; par exemple, Savoie 273 communes, Landes 327, Dordogne 503.

tionnelles en Guyane et en Martinique pour janvier 2010, les élus de Guadeloupe avaient souhaité obtenir un délai de dix-huit mois supplémentaires de réflexion.

Ainsi en juin 2009, quelques semaines seulement après l'importante crise sociale survenue en Guadeloupe en début de l'année, le Congrès des élus départementaux et régionaux avait souhaité, avant toute évolution institutionnelle, travailler à l'élaboration d'un « *Projet guadeloupéen de société* » avec la population et les représentants de la société civile.

Cette institution avait été créée par la loi du 13 décembre 2000 sur l'Outre-mer (LOOM), dans les régions françaises d'Amérique qui comprennent un seul département et dénommé Congrès des élus départementaux et régionaux qu'il réunissait en une seule assemblée.

Il est composé des conseillers généraux et des conseillers régionaux. Depuis la loi dite « *3DS* » (Différenciation, Décentralisation, Déconcentration) du 21 février 2022, les maires y participent également avec voix délibérative. Les députés et les sénateurs élus dans le département, qui ne sont membres ni du conseil général ni du conseil régional, siègent au congrès des élus départementaux et régionaux avec voix consultative.

L'objectif défini par le Congrès de Guadeloupe, en 2009, était, au regard du projet qui aurait alors été élaboré, de demander le statut qui serait le plus à même de permettre la réalisation de ces orientations.

Au terme du délai de 18 mois initialement prévu, le Congrès constatait le 28 décembre 2010 que le processus d'élaboration du projet guadeloupéen de société n'était pas encore achevé.

Le Congrès excluait néanmoins à l'unanimité, tout passage au statut de collectivité d'Outre-mer de l'article 74 de la Constitution, sans pour autant se prononcer sur la possibilité d'une évolution institutionnelle au sein de l'article 73.

La réflexion engagée au niveau local était par ailleurs impactée par la publication de la loi du 16 décembre 2010 de réforme des collectivités territoriales, créant le conseiller territorial.

Tout en conservant les deux assemblées, conseil général et conseil régional, la loi prévoyait alors que le conseiller territorial élu au scrutin majoritaire sur la base de cantons redécoupés, siègerait dans les deux institutions.

Cette loi était applicable de plein droit dans les DOM, hors une réévaluation limitée du nombre de sièges, pour tenir compte des spécificités archipélagiques de la Guadeloupe.

Cette évolution fut critiquée, non seulement en métropole mais aussi en Outre-mer, au motif qu'elle permettait de ne pas avoir à consulter la population guadeloupéenne sur son avenir institutionnel, contrairement aux populations guyanaise et martiniquaise qui s'étaient prononcées par voie de référendum en janvier 2010, sur leur devenir.

Ainsi, de leur point de vue, le choix de demeurer dans le droit commun de la réforme territoriale devait aussi faire l'objet d'une consultation. De plus, le maintien de deux collectivités constituait pour beaucoup, une forme d'équilibre des pouvoirs.

Un autre point d'achoppement était constitué par l'extension des pouvoirs du préfet. Une diposition actée par le premier conseil interministériel de l'Outre-mer du 6 novembre 2009, faisant suite aux Etats généraux de l'Outre-mer, donnait au préfet, la possibilité de se substituer aux collectivités locales, notamment dans les domaines de la santé publique et de l'environnement.

Cette extension du pouvoir de substitution, déjà existant en matière budgétaire, et bien que strictement encadrée dans sa nouvelle rédaction, était néanmoins vécue comme une reprise en mains par l'Etat, une sorte de retour du « gouverneur colonial », d'avant la départementalisation.

Au final, quoique l'idée de la nécessité d'une évolution institutionnelle et l'intérêt pour la collectivité unique, à condition de ne pas procéder dans la précipitation, soient largement partagés, les élus guadeloupéens s'en tinrent donc au droit commun existant avec deux assemblées, un conseil général devenu départemental par la loi du 17 mai 2013 et un conseil régional, d'autant que la notion de conseiller territorial disparut avec le changement de majorité politique en 2012.

Il ne faut pas non plus sous-estimer les facteurs psychologiques dans ce choix et la crainte d'ouvrir la voie aux revendications indépendantistes.

Pourtant en mai 2021, le département et la région de Guadeloupe, sur la base d'un contrat de gouvernance concertée, ont exprimé la volonté de travailler ensemble pour rendre l'action publique plus cohérente.

Enfin, le Congrès des élus de Guadeloupe a pris, le 7 juin 2023, une résolution pour engager dans les six mois, une réflexion sur la refonte des institutions locales mais aussi pour demander au gouvernement d'inscrire leur territoire dans la perspective du projet de réforme constitutionnel devant être élaboré pour la Nouvelle-Calédonie (même si le Président de la République a affirmé lors de son déplacement à Nouméa en juillet 2023, qu'il serait limité à la Nouvelle-Calédonie).

Au plan européen, la Guadeloupe est l'une des neuf (dont six françaises) régions ultrapériphériques (RUP), définies à l'article 349 du traité sur le fonctionnement de l'Union européenne (TFUE) sur la base d'handicaps structurels (insularité, éloignement, relief…)

Cette appartenance se traduit par des mesures de protection des productions locales (telle la banane en Guadeloupe) ou par des réglementations spécifique, tel l'octroi de mer.

Les RUP sont aussi éligibles, depuis 1975, aux fonds structurels européens, dont le FEADER (fonds européen agricole pour le développement rural), le FEP (fonds européen pour la pêche), le FSE (fonds social européen), le FEDER (fonds européen de développement régional).

1.2. La Réunion

Située dans l'Océan Indien, l'île de La Réunion est le DOM le plus peuplé avec plus de 850 000 habitants, répartis sur 2512 kms^2 mais seulement 24 communes regroupées en cinq communautés d'agglomération.

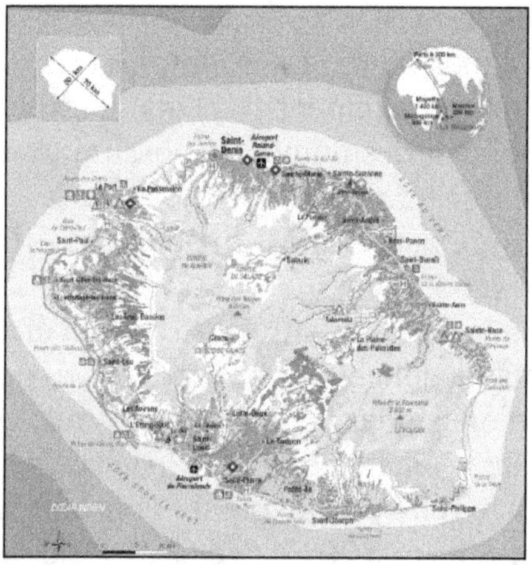

Source : IEDOM

Plus encore qu'en Guadeloupe, les élus de la Réunion n'ont pas souhaité bénéficier de l'ensemble des habilitations prévues par le nouvel article 73 de la Constitution et n'ont pas cherché à avoir recours aux possibilités de création d'une collectivité unique.

La revendication départementale à La Réunion est très ancienne, dans la perspective de devenir des Français à part entière. On peut en trouver des traces dès la période révolutionnaire.

Le choix du statu quo institutionnel est apparu comme une évidence. La problématique institutionnelle n'a jamais été au cœur des préoccupations réunionnaises. Ses élus restent, dans leur majorité, hostiles à une évolution trop différenciée de leur statut et du droit applicable par rapport à la métropole.

Allant même au-delà, ses élus, via l'amendement dit « *Virapoullé* » ont fait inscrire dans la Constitution, l'impossibilité pour leur territoire, à l'inverse des autres DROMs, de recevoir une habilitation à fixer de manière autonome, certaines règles relevant de la loi ou issues de l'exécutif national (article 73 alinéa 5 de la Constitution).

En d'autres termes, à la suite de la révision constitutionnelle du 28 mars 2003, La Réunion a marqué sa volonté de demeurer un département français de droit commun et de ne pas bénéficier des nouvelles possibilités d'adaptation et d'évolution institutionnelle.

De plus, il n'existe pas à La Réunion, d'institution de type « *Congrès* » des élus.

Néanmoins, certains d'entre eux (surtout élus régionaux) considèrent que la cohabitation entre conseil départemental et conseil régional pourrait être, à l'avenir, repensée. La suppression de l'amendement « *Virapoullé* » est même évoquée. La nouvelle présidente du conseil régional de La Réunion a signé, en mai 2022, avec les présidents du conseil régional de Guadeloupe et les présidents des collectivités de Guyane, Martinique, Mayotte, Saint Barthélémy et Saint Martin, l'« A*ppel de Fort-de-France* », demandant à « *Refonder la relation entre nos territoires et la République, par la définition d'un nouveau cadre permettant la mise en œuvre de politiques publiques conformes aux réalités de chacune de nos régions* ».

Au plan européen, La Réunion est, depuis 1997, l'une des neuf régions ultrapériphériques (RUP) de l'Union européenne et bénéficie, à ce titre, des mêmes programmes européens et fonds structurels que la Guadeloupe.

Tant pour la Guadeloupe que pour La Réunion, la répartition des compétences entre les trois niveaux de collectivités territoriales (commune, département, région) demeure donc quasi-identique à celle existant en métropole.

2. UNE COLLECTIVITE D'OUTRE-MER : WALLIS ET FUTUNA

Polynésie française et Wallis et Futuna constituaient les « *Etablissements français d'Océanie* » jusqu'à un décret pris en 1957 en application de la loi dite « *Loi-cadre Defferre* » qui donne son nom à la « *Polynésie française* ».

Une première loi en 1977 va doter la Polynésie française d'une autonomie de gestion administrative et financière mais c'est la loi du 6 septembre 1984 qui la fera accéder au statut d'autonomie interne. Une loi de 1996 procédera à de nouveaux transferts de compétences et cette autonomie ne cessera d'être approfondie dans les années 2000.

A l'inverse, et jusqu'à ce jour, le statut de Wallis et Futuna continue d'être régi par une loi du 29 juillet 1961, ce qui n'est pas sans générer quelques aberrations juridiques, notamment au vu des évolutions constitutionnelles récentes.

Wallis et Futuna est située dans l'océan pacifique à 22 000 kms de Paris, mais aussi à près de 2 500 kms de la Nouvelle Calédonie et de 3000 kms de la Polynésie française. Le territoire est composé de trois îles principales, Wallis (75,6 kms^2), Futuna (46,3 kms^2) et Alofi (35 kms^2) mais seules Wallis et Futuna, séparées par un espace maritime de l'ordre de 250 kms, connaissent un peuplement permanent.

Le relief est volcanique et le climat de type équatorial avec une température moyenne de 31°. Les ressources naturelles y sont limitées, y compris l'eau douce (ce qui explique l'absence de peuplement à Alofi).

En 2020, la population était de 11 340 habitants contre près de 15 000 (14 967) habitants en 2003, soit une baisse de près de 25% (24,23%). Wallis regroupe près des ¾ de la population de l'archipel, Futuna le quart.

Le solde migratoire fortement déficitaire conduit ainsi à observer que la population wallisienne en Nouvelle Calédonie, estimée à près de 20 000 habitants, est plus nombreuse que celle sur le territoire lui-même.

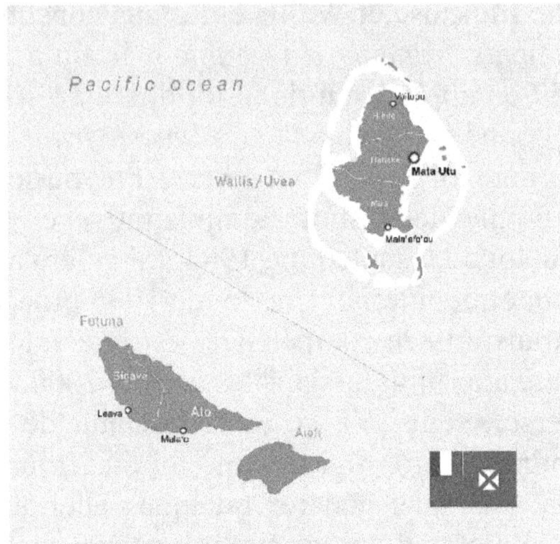

Source : iStock (Sergiz Zamureenko)

En dépit d'une importante zone économique exclusive (266 000 kms²), la pêche, de type artisanal, ne suffit pas encore à couvrir l'ensemble de la demande locale.

L'archipel ne connut pas de présence européenne significative avant le XIXème siècle et l'implantation de missionnaires catholiques. Les royaumes d'Uvéa à Wallis, d'Alo et de Sigave à Futuna signèrent alors un traité de protectorat avec la France, ratifié en 1887. Il devient territoire d'outre-mer (TOM), suite au référendum du 27 décembre 1959 avec 94,37% de la population favorable.

Comme la Polynésie française, Wallis et Futuna est donc sorti de l'Etablissement français d'Océanie en 1957. Son statut est alors défini par la loi du 29 juillet 1961, lui conférant le statut de territoire d'Outre-mer.

Depuis lors, et en dépit de la réforme constitutionnelle du 28 mars 2003, faisant de Wallis et Futuna une collectivité d'Outre-mer (article 74 de la Constitution), ce statut n'a pas été actualisé. Il en résulte que l'organisation statutaire du territoire a considérablement vieilli et s'avère en décalage avec le droit.

2.1 Au plan institutionnel

2.1.1. L'imbroglio constitutionnel

Le territoire est désormais désigné nominativement à l'article 72-3 de la Constitution. Précédemment qualifié de « *Territoire d'Outre-mer* », Wallis et Futuna est devenu, après la réforme constitutionnelle de 2003, une « *Collectivité d'Outre-mer* », régie par l'article 74 de la Constitution et soumise au principe de la spécialité législative.

Ces collectivités d'Outre-mer se distinguent des autres collectivités territoriales de la République par le fait qu'elles bénéficient d'une autonomie de gestion plus large.

Leur cadre juridique doit être fixé par un statut dont l'article 74 de la Constitution définit les principales règles.

Les deux premiers alinéas de l'article 74 révisé en 2003 prévoient ainsi que :

« *Les collectivités d'Outre-mer régies par le présent article ont un statut qui tient compte des intérêts propres de chacune d'elles au sein de la République.*

Ce statut est défini par une loi organique, adoptée après avis de l'assemblée délibérante... ».

Lorsque la loi statutaire du territoire avait été élaborée en 1961, le statut pouvait être adopté par une loi simple, tenant compte des intérêts propres au sein de la République, des Territoires d'0utre-mer (TOM).

Au regard de ces dispositions, il ressort que la loi du 29 juillet 1961 a été adoptée en la forme d'une loi simple. Elle aurait donc dû faire l'objet d'une actualisation sous la forme d'une loi organique, adoptée après avis de l'assemblée délibérante de la collectivité. Toutefois, à ce jour, il est considéré que l'article 74 modifié n'a pas abrogé les textes adoptés antérieurement en la matière.

Les alinéas suivants de l'article 74 définissent néanmoins quatre domaines devant obligatoirement être fixés par le statut d'une Collectivité d'Outre-mer :

« – *Les conditions dans lesquelles les lois et règlements y sont applicables ;*

- *Les compétences de cette collectivité ; sous réserve de celles déjà exercées par elle, le transfert de compétences de l'Etat ne peut porter sur les matières énumérées au quatrième alinéa de l'article 73, précisées et complétées, le cas échéant, par la loi organique ;*
- *Les règles d'organisation et de fonctionnement des institutions de la collectivité et le régime électoral de son assemblée délibérante ;*
- *Les conditions dans lesquelles ses institutions sont consultées sur les projets et propositions de loi et les projets d'ordonnance ou de décret comportant des dispositions particulières à la collectivité, ainsi que sur la ratification ou l'approbation d'engagements internationaux conclus dans les matières relevant de sa compétence* ».

Il apparaît que dans ces quatre domaines, les dispositions de la loi de 1961 ne sont pas suffisamment explicites en ne fixant pas clairement les règles applicables et ne sont donc pas totalement conformes aux objectifs de l'article 74.

Comme toute collectivité territoriale de la République, Wallis et Futuna doit, également, être organisée conformément au principe de la décentralisation qui figure au préambule de la Constitution et qui est ainsi défini par son article 72 :

- dans son troisième alinéa : « *Dans les conditions prévues par la loi, ces collectivités s'administrent librement par des conseils élus et disposent d'un*

pouvoir réglementaire pour l'exercice de leurs compétences. » ;
- dans son cinquième alinéa : « *Dans les collectivités territoriales de la République, le représentant de l'Etat, représentant de chacun des membres du Gouvernement, a la charge des intérêts nationaux, du contrôle administratif et du respect des lois.* »

L'organisation statutaire actuelle du territoire des îles Wallis et Futuna apparaît, là encore, non conforme à ces dispositions. En effet, l'assemblée territoriale élue ne dispose pas de la faculté d'élire l'autorité chargée de l'exécution de ses délibérations. Son président n'est pas son autorité exécutive. L'article 9 du statut de 1961 confie cette fonction au représentant de l'Etat.

2.1.2. Les institutions

2.1.2.1. L'administrateur supérieur

Celui-ci, qui a rang de préfet, a la « double casquette » de représentant de l'Etat en qualité d'« *administrateur supérieur* » et d'exécutif de la collectivité en qualité de « *chef du territoire* ». On se retrouve là dans la situation antérieure aux lois de décentralisation de 1982, quand le Préfet était l'exécutif des conseils généraux ou régionaux.

Ce contrôle du représentant de l'Etat sur les délibérations de l'assemblée territoriale est d'ailleurs réaffirmé à l'article 16 du statut qui dispose : « *les délibérations de l'assemblée territoriale et de sa commission permanente, autres que celles relatives au programme du fonds d'investissement pour le développement économique et social du territoire et que celles intervenues en matière douanière, ne sont définitives qu'après approbation par l'administrateur supérieur* ».

Son contrôle s'exerce aussi sur les dépenses de la collectivité car, en tant qu'ordonnateur, il lui revient de donner suite aux demandes de dépenses émanant des services territoriaux, y compris des services de l'assemblée.

Les prérogatives de l'Etat apparaissent ainsi considérables et celles de la collectivité, limitées. En 1961, cette tutelle étroite était sans doute pertinente car le territoire n'était pas préparé à l'exercice autonome des responsabilités. Elle était, par ailleurs, régulière sur le plan juridique. Aujourd'hui, la tutelle et l'absence d'autonomie de la collectivité apparaissent comme contraires à la Constitution et de plus, inadaptées au contexte local.

Wallis et Futuna est également représenté au niveau national par un député et un sénateur.

2.1.2.2. L'Assemblée territoriale

L'obsolescence juridique du statut affecte également le régime électoral et les conditions de fonctionnement de l'Assemblée territoriale, unique institution élue du territoire. Son cadre juridique est fixé, imparfaitement, par ses articles 11 à 16.

Pour définir le régime électoral et notamment le mode de scrutin de l'assemblée territoriale, l'article 12 du statut renvoie à des dispositions très anciennes, les articles 3 à 12 de la loi n° 52-1310 du 10 décembre 1952 « *relative à la composition et à la formation du conseil général de la Nouvelle-Calédonie et dépendances* ».

Cette loi renvoie elle-même aux articles 6, 8-10, 15 et 18-21 de la loi n° 52-130 du 6 février 1952 « *relative à la formation des assemblées de groupe et des assemblées locales d'Afrique occidentale française et du Togo, d'Afrique équatoriale française et du Cameroun et de Madagascar et des Comores* ».

L'intitulé trop « *colonial* » de ce texte a certes été remplacé aux termes de l'article 21 de la loi n° 2007-224 du 21 février 2007 portant dispositions statutaires et institutionnelles relatives à l'outre-mer, par l'intitulé suivant : « *Loi relative à l'élection de l'assemblée territoriale des îles Wallis-et-Futuna* ».

Mais le régime électoral de cette assemblée a été conçue en 1961, à une époque où n'existaient ni route, ni électricité, ni médias et où la plupart des habitants ne savaient ni lire ni écrire. Il fallait donc rapprocher les candidats des électeurs et adopter un système simple.

C'est dans ce contexte et pour cette raison que le mode de scrutin retenu a été le scrutin de liste proportionnel au plus fort reste et que la circonscription électorale a été calquée sur les trois districts coutumiers de Wallis et sur les deux royaumes de Futuna.

La collectivité compte ainsi cinq circonscriptions électorales élisant chacune entre trois et six conseillers sur une base démographique, pour une assemblée de vingt conseillers et un mandat de cinq ans.

Si ce dispositif était parfaitement adapté à la situation décrite en 1961, il présente aujourd'hui plusieurs inconvénients liés notamment aux évolutions démographiques différenciées entre Wallis et Futuna.

De plus, le mode de scrutin ne contribue pas à l'émergence de majorité stable car le système des plus forts restes avantage les petites listes de plus en plus nombreuses, le premier de liste pouvant être élu avec seulement une centaine de voix.

Concernant le fonctionnement de l'Assemblée territoriale, le caractère ubuesque de l'état du droit apparait très vite. Celui-ci est régi, en application de l'article 12 du statut, par les articles 2, 25 à 34, 49, 50, 56 à 73 et 78 de l'arrêté modifié n° 1081 du 1er décembre 1944 du gouverneur de Nouvelle-Calédonie et par les articles 7, 9 et 15 à 23 du décret n°46-2377 du 25 octobre 1946 portant réorganisation du Conseil général de la Nouvelle-Calédonie.

Ces références très anciennes, éparses et imprécises ne définissent pas un cadre de fonctionnement véritablement opérationnel. De plus l'arrêté de 1944 présente également l'inconvénient de limiter à un an le mandat des instances dirigeantes de l'assemblée.

L'article 25 alinéa 2 de cet arrêté dispose que : « *aussitôt après l'ouverture de la session budgétaire, l'assemblée territoriale se réunit sous la présidence du doyen d'âge, le plus jeune membre faisant fonction de secrétaire, et nomme au scrutin secret et à la majorité absolue son président, son vice-président et ses secrétaires. Leurs fonctions durent jusqu'à la session budgétaire suivante* ».

La session budgétaire de l'assemblée territoriale ayant lieu annuellement (entre le mois de novembre et janvier de l'année n-1), le président de l'Assemblée territoriale est donc élu – ainsi que les autres membres du bureau et de la commission permanente – pour une durée d'un an. L'annualité du mandat des instances de l'assemblée délibérante, unique en France, ne permet aucune continuité dans le fonctionnement de l'assemblée. Cela ne favorise pas l'émergence d'interlocuteurs élus qui pourraient faire l'apprentissage des responsabilités et avec lesquels le préfet pourrait dialoguer.

2.1.2.3. Les circonscriptions

Lorsque le statut fut élaboré, la notion de « *circonscription* » désignait outre-mer, le cadre de proximité de la représentation de l'Etat dans un TOM. Il existait dans chaque TOM un administrateur supérieur et ce dernier était représenté au niveau local, dans chaque circonscription, par un délégué.

C'est cette organisation qui a été reproduite dans le statut. Ses articles 17 et 18 fixent que le territoire est divisé en trois circonscriptions : celle d'Alo et de Sigave à Futuna et celle d'Uvéa pour l'ensemble de l'île de Wallis. Chacune est dirigée par un chef de la circonscription, agent de l'Etat et possède un conseil consultatif coutumier non élu. Ces circonscriptions disposent néanmoins de la personnalité morale.

Par deux décrets pris le 13 novembre 1980 (avant les lois de décentralisation), ces circonscriptions bénéficient d'une dotation globale de fonctionnement (DGF) et d'un budget arrêté non par le conseil de circonscription mais par le chef de la circonscription.

Progressivement, les circonscriptions, ont été dotées de compétences substantielles de gestion dans des conditions juridiquement peu satisfaisantes.

L'article 18 du statut précise qu'il revient à l'administrateur supérieur de définir les compétences et l'organisation des circonscriptions par voie d'arrêté. Celui-ci a été pris le 20 mai 1964 et a été actualisé, depuis lors, à de nombreuses reprises.

Aux termes de cet arrêté, le chef de la circonscription assure l'exécution des délibérations du conseil de circonscription. La liste des domaines dans lesquels le conseil de la circonscription peut délibérer est fixée comme suit par l'article 10 de l'arrêté de 1964 :

- *« L'organisation des marchés et de la commercialisation des produits du cru ;*
- *L'organisation des travaux exécutés en application de la délibération sur la contribution annuelle aux travaux collectifs d'intérêt général ;*
- *L'organisation de la production vivrière ;*
- *La désignation des représentants de la circonscription auprès des commissions et organismes dont la composition prévoit une représentation ».*

Ces compétences n'ont jamais été réellement exercées. En revanche, sans base légale, les circonscriptions ont été dotées de missions de proximité. Les circonscriptions ont en effet été chargées d'assurer la gestion d'une partie de la voirie, la lutte contre l'incendie, le ramassage des ordures ménagères, l'éclairage public, la distribution de secours. La seule compétence qu'elles exercent prévue par un texte est la gestion de l'état civil, fixée par l'article 2 de l'arrêté du 20 mai 1964.

Les circonscriptions sont donc devenues des institutions territoriales dotées de la personnalité morale, disposant chacune d'un budget de type communal et dirigées par un délégué du préfet qui porte le titre de chef de la circonscription. Tous les actes de la circonscription y compris son budget sont pris et exécutés par le délégué qui en est donc à la fois, l'instance délibérative et exécutive, le conseil de circonscription coutumier, non élu, n'ayant qu'un rôle consultatif.

Il est à noter que cette évolution a rendu nécessaire de nommer à titre permanent un délégué de l'administrateur supérieur pour exercer les fonctions de chef de la circonscription d'Uvéa. En effet, l'article 18 du statut dispose pourtant que c'est l'administrateur supérieur lui-même qui exerce la fonction de chef de circonscription à Uvéa. Cette pratique est donc contraire à la lettre du statut et sa fragilité juridique est évidente.

De fait, à Wallis et Futuna, la transformation progressive des circonscriptions en une forme de communes ne s'est pas accompagnée de la mise en place d'un mécanisme représentatif permettant aux habitants de débattre et de participer à leur gestion

Loin donc du principe de libre administration des collectivités locales, à Wallis et Futuna les affaires locales continuent d'être gérées par l'Etat. Il convient cependant d'observer que les autorités coutumières, très prégnantes dans la société, sont très réservées quant à la création de conseils démocratiquement élus.

Au surplus, la circonscription n'apparaît pas comme l'institution la mieux adaptée pour les missions dont elle a la charge. Ainsi, à Wallis, la circonscription unique d'Uvéa ne correspond pas aux ressorts coutumiers traditionnels de gestion des affaires locales que sont les districts coutumiers au nombre de trois (Hihifo, Mua et Hahake).

Sur le plan de la gestion, les ressources de la seule DGF n'étant pas suffisantes, les circonscriptions sont en difficulté ou du moins fragilisées sur le plan financier. Leur capacité d'investissement est insuffisante. Ceci ne permet pas d'envisager, par exemple, de leur confier la mission d'adduction en eau potable qui est un enjeu de premier plan car les habitants n'ont pas tous accès à l'eau courante et que sa potabilité est médiocre.

Ainsi, dans nombre de ses dispositions, le statut renvoie à des textes très anciens, inadaptés et parfois difficiles à retrouver car non consolidés.

Le vieillissement du statut a eu pour conséquence une démonétisation juridique progressive de ses dispositions dont certaines apparaissent aujourd'hui imprécises, d'autres incomplètes ou encore peu intelligibles. Pour les gestionnaires en charge du territoire, et a fortiori pour les organismes de contrôle, la norme statutaire est progressivement devenue peu claire dans son objet.

La déperdition du caractère opérationnel des dispositions du statut concerne notamment la définition de la répartition des compétences et le cadre juridique de l'assemblée territoriale mais aussi celui de la justice coutumière.

2.1.2.4. Les juridictions

La justice de droit commun à Wallis et Futuna est rendue par le tribunal de première instance de Mata-Utu, chef-lieu du territoire, présidé par un juge unique. Initialement constituée sous la forme d'une section détachée du tribunal de première instance de Nouméa, cette section a été transformée en tribunal de première instance de Mata-Utu par un décret du 26 décembre 1983. Le juge préside également le tribunal pour enfants créé par un décret du 27 décembre 1983.

Le contentieux administratif relève du tribunal administratif de Wallis et Futuna siégeant à Mata-Utu.

Concernant la juridiction financière, la Cour des comptes continue d'être compétente pour juger les comptes et la gestion de la Collectivité qui n'avait pas souhaité, en 1983, devenir justiciable de la Chambre régionale des comptes de Nouvelle Calédonie.

2.1.3. Au plan des compétences

La répartition des compétences est un élément essentiel du statut d'une collectivité d'Outre-mer. Elle doit être fixée par des dispositions claires afin de délimiter précisément le cadre d'action des institutions locales et de l'Etat et d'éviter les chevauchements de compétences.

La difficulté est ici renforcée par la présence de la coutume dans l'exercice de certaines compétences. La coexistence d'institutions républicaines et coutumières, prévue par la loi de 1961, induit une relation complexe entre les différents détenteurs d'une autorité civile, religieuse ou coutumière, que ce soit au sein des assemblées ou dans le cadre de négociations souvent informelles.

2.1.3.1. Les compétences des institutions de le République

Les pouvoirs de l'administrateur supérieur – le préfet en sa qualité de représentant de l'Etat – sont définis par le premier alinéa de l'article 8 du statut. Ils sont conforme à ceux conférés aux gouverneurs par les lois et les règlements, notamment la loi du 29 mai 1874 sur la naturalisation **et** le séjour des étrangers, le décret modifié du 13 juillet 1937 portant réglementation de l'admission des citoyens français et des étrangers en Nouvelle-Calédonie et le décret modifié du 25 juin 1934 relatif au transfert des propriétés immobilières en Polynésie française. L'actualité de ces références est pour le moins incertaine.

L'article 8 énumère ensuite dans le désordre une liste de pouvoirs et de compétences très étendus mais approximatifs, ce qui en définitive, laisse le champ libre à l'administrateur supérieur pour définir ses compétences.

Les compétences de chef du territoire – le préfet en sa qualité d'exécutif de la collectivité – recouvrent aux termes de l'article 9 du statut « *tous actes réglementaires propres à assurer l'exécution des délibérations de l'assemblée territoriale et tous actes réglementaires qui relèvent de sa compétence de chef de territoire aux termes des lois, décrets et règlements* », ce qui revient à un réel flou dans la délimitation.

En effet, pour définir les compétences de la collectivité centrale dénommée en 1961 « *le territoire* », le caractère ubuesque du droit se confirme. L'article 12 du statut fait référence aux « *articles 40, à l'exception des paragraphes 2°, 3°, 28°, 35°, et 36°, de l'hygiène et de la santé publique et de la réglementation de l'état civil, articles 41, 43 et 44, 45, à l'exception du second alinéa du paragraphe a, articles 46 et 47, 49, à l'exception des paragraphes d, e et i, article 50 du décret n° 57-811 du 22 juillet 1957 portant institution d'un conseil de gouvernement et extension des attributions de l'assemblée territoriale en Nouvelle-Calédonie* ».

Ces renvois forment un inventaire volumineux disparate, dont la synthèse et la compréhension sont difficiles à appréhender, comme précédemment relevé. De plus la référence à la Nouvelle Calédonie n'est plus d'actualité et a effectivement fait l'objet d'une réécriture intégrant Wallis et Futuna à l'article 21 de la loi du 21 février 2007.

Concernant les circonscriptions, il a déjà été indiqué que leurs compétences ne sont pas définies par le statut qui renvoie sur ce point à un arrêté de l'administrateur supérieur qui a été pris le 20 mai 1964. Il a attribué au conseil de circonscription des compétences qu'il n'exerce pas et par contre, en dehors de la tenue de l'état-civil, les missions de proximité exercées par les circonscriptions ne sont prévues par aucun texte.

2.1.3.2. Les compétences de l'assemblée territoriale

Au terme de l'article 26 le la loi du 26 juillet 1961, le budget du territoire est voté par l'Assemblée Territoriale, au plus tard le 31 décembre de l'année qui précède l'exercice auquel il s'applique.

Les compétences de l'Assemblée territoriale résultent, par ailleurs, de l'article 12 de la loi statutaire qui renvoie au décret n° 57-811 du 22 juillet 1957.

L'article 40 dudit décret stipule qu'elle prend des délibérations portant réglementation territoriale et liste une quarantaine de domaines d'intervention très divers, dont le statut général des agents et des cadres territoriaux, l'aménagement du régime des biens et droits fonciers sous réserve des dispositions du code civil, le commerce intérieur, l'artisanat et toutes professions concernant ces activités, l'agriculture, les forêts, le régime des eaux non maritimes, la protection des sols, de la nature et des végétaux, la protection des monuments et des sites, le pêche maritime, le tourisme, l'urbanisme et l'habitat, les bibliothèques publiques et les centres culturels, le sport et l'éducation physique, les transports terrestres, les transports intérieurs maritimes et aériens, l'établissement, l'aménagement, l'équipement et l'entretien des réseaux aériens d'intérêt local, les conventions à passer avec l'Etat concernant les formes et conditions d'utilisation des postes émetteurs de radiodiffusion et télévision dans le territoire…

Par ailleurs l'article 42 du même décret précise que « *Dans les matières réglées par les lois et règlements, l'assemblée territoriale peut, par délibérations, émettre des vœux tendant, soit à étendre au territoire des lois et règlements métropolitains, soit à abroger, modifier ou compléter les dispositions législatives ou réglementaires applicables au territoire.*

Ces vœux sont adressés par le président de l'assemblée territoriale au chef du territoire et transmis par celui-ci au ministre de la France d'Outre-mer ».

Toutefois, l'article 16 de la loi statutaire de 1961 souligne que « *Les délibérations de l'assemblée territoriale et de sa commission permanente, autres que celles relatives au programme du fonds d'investissement pour le développement économique et social du territoire et que celles intervenues en matière douanière, ne sont définitives qu'après approbation par l'administrateur supérieur* ».

L'Assemblée territoriale apparait donc très encadrée par les autorités de l'Etat, mais aussi en amont par les autorités coutumières qui examine tous les projets de délibérations déposés sur le bureau de l'assemblée territoriale (article 10 de la loi de 1961).

Enfin aucune fiscalité nationale n'est prélevée à Wallis et Futuna, l'applicabilité du code général des impôts n'étant pas étendue au territoire. Il en va de même du code de la sécurité sociale et des cotisations afférentes.

L'article 46 du décret n° 57-811 du 22 juillet 1957 confère à l'Assemblée territoriale la compétence de créer les impôts, taxes et cotisations sur le territoire.

2.1.3.3. Les compétences des autorités coutumières

En raison de l'importance traditionnelle de la coutume, les autorités coutumières (« *rois* » non héréditaires mais élus par les « *aliki* », membres de familles aristocratiques) à la tête des trois « *royaumes* » (Uvéa à Wallis, Alo et Sigave à Futuna) interviennent à la fois dans le fonctionnement des institutions et dans la société civile où elles disposent d'un champ d'action qui leur est propre.

En 1961, le choix opéré par l'Etat fut de continuer à s'appuyer sur les seules instances existantes, la mission catholique et les chefs coutumier.

L'article 3 du statut dispose ainsi que la République garantit aux habitants « *le libre exercice de leur religion ainsi que le respect de leurs croyances et de leurs coutumes en tant qu'elles ne sont pas contraires aux principes généraux du droit et aux dispositions de la précédente loi* ». La République reconnait donc les fonctions coutumières et va jusqu'à les rémunérer.

Les autorités coutumières ont ainsi été dotées d'une compétence transversale de gestion de la collectivité au travers de l'institution du « *Conseil territorial* ».

L'article 10 du statut et le décret du 14 mars 1962 fixant les attributions du conseil territorial de Wallis et Futuna créent ainsi un conseil territorial se composant de l'administrateur supérieur qui le préside, des chefs traditionnels des trois royaumes et de trois personnalités désignées par l'administrateur supérieur.

Ce conseil examine tous les projets de délibérations déposés sur le bureau de l'assemblée territoriale. De façon analogue, les conseils de circonscriptions sont consultés informellement par le délégué du préfet pour les décisions importantes relatives à la gestion de la circonscription. Il existe ainsi dans la pratique une forme de cogestion des circonscriptions.

Ce dispositif manque néanmoins de transparence. Il permet certes aux représentants de l'Etat de recueillir les avis des hauts responsables coutumiers et de se former une opinion sur les décisions opportunes à prendre. Mais la consultation et le fonctionnement des conseils sont informels et non publics.

Les autorités coutumières interviennent aussi directement dans un large champ des affaires civiles. Cependant, le statut ne définit pas précisément les frontières du champ de leurs interventions. Seule la pratique permet d'appréhender progressivement la frontière entre le champ des décisions coutumières et celui des institutions officielles. Il conviendrait que le statut précise cette répartition.

De même, le cadre juridique fixant l'organisation de la justice coutumière est défaillant. Le droit de recours, principe général du droit selon lequel tout citoyen peut faire appel d'une décision violant ses droits, ne s'applique pas aux décisions prises dans le cadre de la justice coutumière.

Les décisions coutumières tranchent des contentieux ou définissent des droits dans des domaines aussi importants que les questions foncières, la fiscalité coutumière, les autorisations diverses d'usage, une partie des affaires civiles. Les décisions prises sont donc substantielles et font griefs.

En l'absence de procédure écrite, on peut décrire qu'un contentieux est d'abord porté devant le chef de village, l'unité coutumière de base de la société walliso-futunienne, puis l'affaire peut être portée en conseil de district – à Uvéa – ou en conseil du roi. Certaines affaires peuvent être jugées directement en conseil du roi.

Par rapport à cette organisation coutumière, l'article 5 du statut prévoit que soit créée une juridiction de droit local devant laquelle sont portées « *les contestations entre citoyens régis par un statut de droit local et portant sur l'application de ce statut [et] les contestations portant sur les biens détenus suivant la coutume* ».

Ce type de juridiction échevinale qui associe magistrats professionnels et assesseurs coutumiers, n'a cependant jamais été créée à Wallis et Futuna, face aux réserves des autorités coutumières.

Dans des domaines qui touchent aux intérêts matériels ou moraux des citoyens de Wallis et Futuna, la situation actuelle prive donc les justiciables du droit de recours et de la possibilité de se pourvoir en cassation ce qui est contraire aux principes fondamentaux du droit.

De plus, cette coexistence entre justice républicaine et justice coutumière peut générer de graves dysfonctionnements. Ainsi, l'année 2005 a été marquée par une grave crise coutumière et institutionnelle, suite à un accident mortel de la circulation, commis par le petit-fils du roi d'Uvea.

Celui-ci obtînt le pardon de la famille du défunt comme le permet la coutume tandis que la justice le condamnait à dix-huit mois d'emprisonnement. Devant son refus de purger sa peine, un conflit a alors débuté entre coutumiers et autorités de l'État, le roi demandant aux représentants de l'Etat de quitter le territoire, les deux rois de Futuna quant à eux, réaffirmant leur attachement à la France.

Le conflit institutionnel fut tout proche de tourner à l'affrontement. Les partisans du roi occupèrent l'aéroport et édifièrent des barrages.

Afin de désamorcer le conflit, un médiateur de l'Etat fut désigné et un accord pu être trouvé avant qu'un « *putsch* » mené par des opposants « *rénovateurs* » au roi en place, conscients du poids économique de la métropole dans l'île, ne se réalise. Le petit-fils du roi se constitua, alors, prisonnier.

Il faudra néanmoins plus d'un an après le décès du Lavelua (titre porté par le souverain du royaume coutumier d'Uvéa) en 2007 pour que son successeur soit intronisé le 25 juillet 2008 et que sa légitimité soit immédiatement contestée par les « *rénovateurs* » désignant un autre « *roi* », ce qui ne fut pas sans interférence dans la gestion du territoire et de la circonscription d'Uvéa.

Le 12 mars 2007, le tribunal administratif de Mata-Utu a donné droit aux recours qui avaient été présentés par la chefferie d'Uvéa pour annuler les arrêtés pris par l'administrateur supérieur tendant à reconnaître les chefs coutumiers séditieux. Le tribunal administratif a considéré que l'article 3 de la loi du 29 juillet 1962 « *qui a notamment pour effet d'interdire toute immixtion des institutions de la*

République dans le fonctionnement des institutions coutumières, ne donne compétence à aucune autorité administrative, qu'elle agisse au nom de l'Etat ou du territoire, pour connaître des questions coutumière ».

Parallèlement, suite à la mission des rois de Futuna à Paris en mars 2006 et à la revendication de « *Transformer, comme cela a été fait dans tous les autres territoires d'Outre-mer, le poste de délégué en poste de sous-préfet avec les responsabilités et l'autorité associées à cette fonction* », un sous-préfet fut nommé à Futuna en septembre 2006 et placé auprès de l'administrateur supérieur ... mais sans qu'une sous-préfecture ne soit créée car contraire au statut de 1961.

L'absence d'évolution de la loi statutaire du 29 juillet 1961 explique qu'elle soit devenue progressivement non conforme au cadre juridique des collectivités d'outre-mer et, en tout premier lieu, à la Constitution. De plus les renvois nombreux auxquels procède le statut sont devenus progressivement peu lisibles. Certaines dispositions sont demeurées inappliquées et d'autres sont incomplètes ou insuffisamment précises.

Enfin, d'autres dispositions, qui étaient bien adaptées au contexte qui prévalait à Wallis et Futuna à l'époque où le statut fut élaboré, sont aujourd'hui inadaptées et handicapent le développement autonome de la collectivité. Pour l'ensemble de ces raisons, il apparait aujourd'hui souhaitable de procéder à une actualisation du statut de la collectivité.

Par délibération n° 03/AT/2019 du 16 juillet 2015, l'assemblée territoriale a créé un groupe de travail dénommé « *avenir institutionnel de l'AT* », avec pour mission de relancer les travaux sur l'organisation institutionnelle de l'assemblée territoriale et sur le statut de l'élu. Par ailleurs, lors des assises des outre-mer lancées en novembre 2017, l'un des sous-thèmes de réflexion portait sur la situation juridique et institutionnelle du territoire.

Plusieurs propositions d’évolution statutaire ont été faites en 2019 et 2020 concernant le transfert de l’exécutif mais aucun arbitrage n’a été retenu par les élus de l’assemblée.

Si les assises de l’outre-mer avaient permis de constater un consensus entre toutes les parties quant à une évolution statutaire, aucun accord n’existe sur les sujets essentiels devant être traités :

– l’organisation territoriale et l’institution de plusieurs niveaux de collectivités, sur le modèle de droit commun.
– les modalités et formes de transfert de l’exécutif aux autorités locales dans le respect et la préservation du rôle des chefferies coutumières.

Lors de son déplacement dans le Pacifique en juillet 2021, et à l’occasion du 60ème anniversaire du statut, Emmanuel Macron s’est dit prêt à une évolution statutaire. Toutefois, les quelques six mois qui séparaient de la fin de la législature, n’ont pas, à ce jour, permis de donner suite à cette déclaration.

Loin de la métropole, mais aussi loin des standards juridiques communément admis, Wallis et Futuna semble enkysté dans un statut datant de 1961.

CHAPITRE II

Les évolutions dans le cadre d'un même statut

Tout en restant dans le cadre de leur statut d'origine, constitutionnel (article 74) ou législatif, une collectivité d'Outre-mer, la Polynésie française et une collectivité à statut particulier, les Terres australes et antarctiques françaises et l'île de Clipperton ont connu de sensibles évolutions au fil des années.

1. POLYNESIE FRANÇAISE

La Polynésie française est située dans le Pacifique sud, à 18 000 kms de la métropole, 6 500 kms de Los Angeles et 5 900 kms de l'Australie.

Elle comprend cinq archipels : l'archipel de la Société, qui est composé des îles du Vent et des îles Sous-le-Vent (dont Tahiti), l'archipel des Marquises, l'archipel des Australes, l'archipel des Tuamotu, l'archipel des Gambier.

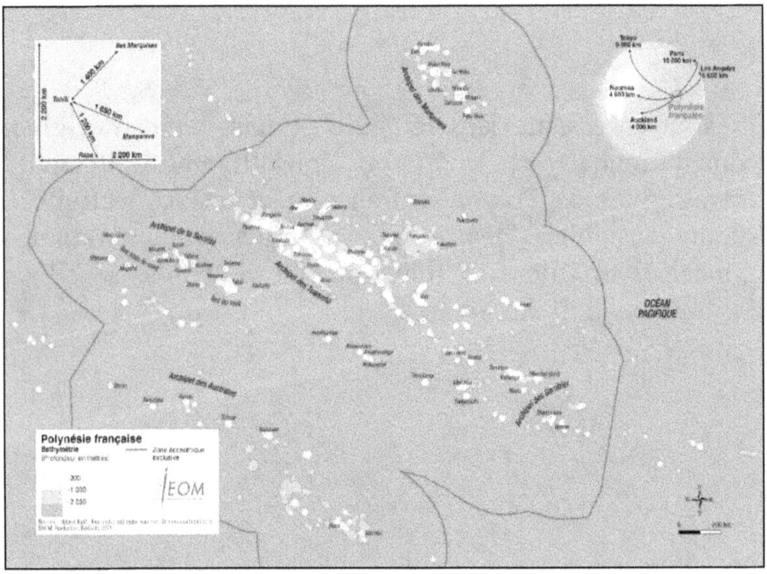

Source : IEOM

La population de Polynésie française avoisine les 290 000 habitants mais la répartition est marquée par un fort déséquilibre entre les archipels. Tahiti, où se situe Papeete, chef-lieu administratif et capitale économique, est la plus grande île de Polynésie française et regroupe avec l'île voisine de Moorea, 75% des Polynésiens.

Au total, la Polynésie française s'étend sur une superficie émergée de près de 4200 kms², dispersée sur plus de 2,5 M kms^2 d'océan (soit une surface équivalente à l'Europe), avec une ZEE de 5,5 M kms^2.

Au fil des évolutions statutaires depuis 1984, la Polynésie française a vu progressivement grandir son autonomie politique et juridique.

Marquée par l'arrêt définitif des essais nucléaires à la suite de la signature par la France du traité d'interdiction complète des essais nucléaires (TICE), l'année 1996 a constitué, de ce point de vue, une date charnière dans l'histoire du territoire avec l'entrée en vigueur du nouveau statut d'autonomie renforcée du 25 juin 1996, qui reconnaît la personnalité propre de la Polynésie française au sein de la République et lui accorde des compétences élargies.

Puis, à la suite de la révision constitutionnelle du 28 mars 2003, la loi organique n° 2004-192 du 27 février 2004 portant statut d'autonomie de la Polynésie française, modifiée en 2007, 2011 et 2019, est venue accentuer ce mouvement en renforçant les compétences des autorités locales et en refondant l'organisation institutionnelle de la Polynésie française.

Il avait, en effet, fallu attendre l'accord pour le développement de la Polynésie française du 17 mars 2017 pour que « *la dette nucléaire* » de la France à l'égard des populations polynésiennes ne soit officiellement reconnue. De 1966 à 1996, la France s'était livrée à 193 essais nucléaires (dont 46 aériens jusqu'en 1974), principalement sur les atolls de Mururoa et de Fangataufa, avec de graves conséquences sanitaires et environnementales. Cette « *dette nucléaire* » a été inscrite dans la loi organique du 5 juillet 2019, conduisant la République à reconnaître le droit à indemnisation des victimes et à l'accompagnement pour la reconversion économique du territoire.

1.1. Au plan institutionnel

Le titre IV de la loi organique de 2004, modifié par la suite par les lois organiques du 7 décembre 2007, du 1er août 2011 et du 5 juillet 2019, précise l'organisation institutionnelle. Le statut de 2004 devait en effet parachever le processus d'autonomie entamé dès 1984.

Toutefois ce nouveau cadre institutionnel s'était accompagné d'une instabilité politique à laquelle n'étaient pas étrangers le mode de scrutin et les règles de fonctionnement des institutions, qui ont justifié le vote de deux nouvelles lois organiques en 2007 et 2011.

La loi organique de 2007 visait à renforcer la stabilité des institutions de la collectivité d'Outre-mer de la Polynésie française et la transparence de la vie politique locale.

Depuis les scrutins de mai 2004 et février 2005, la Polynésie française connaissait en effet une situation d'instabilité politique : cinq présidents s'étaient succédés en moins de trois ans. Dans la même période, trois motions de censure avaient été adoptées.

Face à une telle situation politique, doublée d'une situation économique et sociale difficile, la nécessité d'un fonctionnement plus stable des institutions de la Polynésie française s'imposait.

Le mode d'élection de l'assemblée de Polynésie française va être modifié à plusieurs reprises, pour améliorer le fonctionnement des institutions existantes et garantir, dans le cadre d'une majorité stable dégagée dans la transparence, la représentation équitable des forces politiques et des différentes composantes territoriales de la Polynésie française.

La loi organique de 2007 va, dans un premier temps, procéder à l'abréviation du mandat en cours de l'Assemblée en anticipant notamment son renouvellement, prévu pour 2010, à janvier 2008.

Pour autant l'instabilité va perdurer. Après le renouvellement de 2008, la Polynésie Française va connaître à nouveau jusqu'en 2013, trois présidents. Au total de 2004 à 2013, 11 présidents, souvent les mêmes, se seront succédés : Gaston Flosse par trois fois, Oscar Temaru cinq fois et Gaston Tong Song trois fois…

Dans ce cadre, la loi organique de 2011 va donc prendre sur le plan électoral, plusieurs dispositions pour faciliter l'émergence d'une majorité stable à l'Assemblée de la Polynésie française. Ce n'est d'ailleurs qu'à compter de 2014 que la présidence de la collectivité va connaître la stabilité.

Selon la nouvelle loi organique de 2011, l'effectif des membres de l'assemblée est maintenu à 57 représentants élus pour cinq ans mais il est désormais réparti, sur une base démographique, entre huit sections géographiques, chacune devant avoir un minimum de trois représentants.

Les Iles du Vent qui concentrent 87 % de la population, élisent 37 membres de l'Assemblée et sont divisées en trois sections électorales. Les Iles Sous le Vent élisent 8 représentants, les Iles Australes 3, les Iles Marquises 3, les Iles Tuamotu de l'Est et Gambier 3 comme les Iles Tuamotu de l'Ouest.

Dans l'ensemble des circonscriptions, les représentants sont élus au scrutin de liste à deux tours. Les sièges sont attribués aux candidats dans l'ordre de présentation dans chaque section sur une base proportionnelle avec un seuil minimum de 5%, assorti d'une prime majoritaire d'un tiers des sièges (19 dont 12 pour les Iles du Vent) à la liste arrivée en tête.

En outre, pour favoriser la constitution d'alliances et enrayer l'éparpillement des votes, les listes doivent recueillir un nombre de suffrages au moins égal à 12,5 % des électeurs inscrits pour se présenter au second tour, seules les listes ayant obtenu au moins 5 % des suffrages exprimés pouvant fusionner entre les deux tours.

La loi organique de 2019 viendra encore approfondir cette recherche de stabilité en n'obligeant au renouvellement anticipé de l'Assemblée que lorsqu'un tiers des sièges (19/57) venaient à être vacants (contre seulement trois précédemment). De même, si les vacances survenues ne permettent pas de combler celles-ci par les suivants de liste, l'Assemblée peut continuer à fonctionner avec moins que les 57 sièges initiaux.

Enfin, en matière de contrôle, depuis 2007, seules les motions de défiance dite « *constructive* » peuvent être examinées. Celles-ci supposent que les motifs de leur dépôt et le nom du nouveau président en cas d'adoption soient connus. Le renversement du président et du gouvernement exige une majorité des 3/5e et chaque membre de l'assemblée ne peut signer que deux motions de défiance par année civile.

L'ensemble de ces mesures auront contribué à assurer une meilleure stabilité institutionnelle depuis lors.

Au sommet de la pyramide institutionnelle, le Président de la Polynésie française est élu au sein de ses membres par l'assemblée de la collectivité, au scrutin secret.

Les pouvoirs du « *président de la Polynésie française* » sont accrus. Il dirige l'action du gouvernement qui conduit la politique de la Collectivité et promulgue les « *lois du pays* ». Il peut déléguer ses pouvoirs au vice-président de la collectivité ou à ses ministres qu'il a nommés dans les cinq jours suivant son élection.

Informé ou associé à la mise en œuvre de certaines décisions prises par le Haut-commissaire, représentant de l'Etat (ordre et sécurité intérieure, sécurité civile), le Président devient l'interlocuteur privilégié de celui-ci et ses attributions propres sont renforcées, notamment sur la scène internationale et régionale.

Le gouvernement comprend de sept à dix ministres dont le champ de compétences est arrêté lors de leur nomination. Il se réunit en conseil des ministres sur convocation du président de la Polynésie française qui arrête son ordre du jour et délibère sur les affaires de ses compétences propres, énumérées aux articles 90, 91 et 92 de la loi organique.

L'Assemblée de la Polynésie française, pour sa part, règle par ses délibérations les affaires de la Collectivité, relevant du domaine général de la loi.

L'Assemblée fixe son ordre du jour sous réserve d'une inscription prioritaire du conseil des ministres ou du haut-commissaire pour une demande d'avis. Elle vote le budget de la collectivité en équilibre de fonctionnement et d'investissement et contrôle l'action du Président et du gouvernement. Elle peut créer des commissions d'enquête.

En dehors des deux sessions ordinaires prévues dans le règlement intérieur qu'elle élabore, l'Assemblée peut se réunir en session extraordinaire, dont la durée ne peut excéder un mois, sur convocation de son président à la suite d'une demande écrite de sa part, du Haut-commissaire ou d'une majorité des représentants à l'Assemblée.

Enfin une assemblée consultative, le conseil économique, social, et culturel composé de représentants des groupements professionnels, des syndicats, des organismes et des associations qui concourent à la vie économique, sociale culturelle de la Polynésie française, est créée. Son champ de compétence sera élargi à l'environnement par la loi organique du 5 juillet 2019.

En visant à dégager une majorité de gouvernement et en confortant les pouvoirs du Président, les réformes successives des institutions polynésiennes entendaient créer les conditions d'un fonctionnement pérenne de la gouvernance locale.

1.2. Au plan des compétences

La loi attribue désormais une compétence de droit commun à la Polynésie et réserve à l'Etat (comme d'ailleurs aux communes) des compétences d'attribution.

Par ailleurs, la possibilité donnée à la Polynésie française de participer à l'exercice des compétences de l'Etat contribue à élargir les domaines dans lesquels peuvent intervenir, sous le contrôle de l'Etat, des normes fixées par les autorités polynésiennes.

1.2.1. La répartition des compétences Etat / Collectivité de Polynésie

Le statut de 2004, modifié par la loi organique du 5 juillet 2019, est donc venu ajouter et consolider les compétences dévolues au territoire.

1.2.1.1. Les compétences de l'Etat

Sur le fondement de la loi organique statutaire du 27 février 2004, les autorités de la Polynésie française sont devenues compétentes dans toutes les matières qui ne sont pas dévolues à l'Etat, sous réserve des compétences attribuées aux communes.

L'Etat ne conserve aujourd'hui qu'une compétence d'exception (d'attribution), définie à l'article 14 de la loi organique de 2004.

Cet article énumère treize champs de compétences relevant de l'Etat, Au premier rang se trouvent les domaines régaliens que sont la nationalité, la monnaie, la sécurité et l'ordre public, l'entrée et le séjour des étrangers, la justice, la politique étrangère, la défense.

L'Etat demeure également compétent pour les fonctions publiques d'Etat et des communes, l'organisation et les compétences des communes, les autorisations d'exploitation des liaisons aériennes PF / France, la police et la sécurité maritime, la communication audiovisuelle, l'enseignement supérieur et la recherche.

1.2.1.2. Les compétences de la Collectivité de Polynésie

L'article 13 de la loi organique de 2004 dispose que la compétence de la Collectivité s'exerce dans tous les domaines qui ne sont pas dévolus à l'Etat par l'article 14 de la même loi ou qu'elle n'a pas dévolue aux communes.

S'agissant des transferts de compétences à la Polynésie française, les autorités locales ont peu à peu construit leur champ d'intervention, en fonction des besoins qu'elles ont identifiés : santé, protection sociale, télécommunications, foncier, culture, agriculture, aménagement du territoire, fiscalité etc...

Ont notamment été ajoutées ou renforcées les compétences suivantes :

- en matière de droit civil, la Polynésie française devient notamment compétente pour la définition et les modifications de la propriété, y compris l'usufruit et les servitudes, les contrats et obligations conventionnelles, à l'exception des contrats de mariage, les prêts, dépôts et séquestres.
- en matière de droit commercial, sous l'empire du statut de 1996, la Polynésie française n'était compétente que pour la partie réglementaire. En vertu de la loi organique de 2004, les principes fondamentaux des obligations commerciales sont transférés à la Polynésie française. La création de sociétés d'économie mixte et les prises de participation au capital social de sociétés privées gérant des services publics sont aussi de sa compétence. Seuls l'organisation et le fonctionnement des tribunaux de commerce continuent de relever de l'Etat au titre de l'organisation judiciaire (compétence régalienne).
- en matière de droit du travail, les autorités de la Polynésie française prennent également la compétence, y compris pour la partie relative à l'inspection du

travail, à l'exception là encore des tribunaux du travail qui relèvent de l'organisation judiciaire.

Dans la loi organique de 2019, la Collectivité se voit aussi reconnaître une compétence en matière d'exploration et d'exploitation des « *terres rares* » (définies comme un groupe de métaux aux propriétés voisines comprenant le scandium, l'yttrium et les quinze lanthanides).

En revanche, à la demande des institutions de la Polynésie française, la compétence que la collectivité exerçait précédemment en matière de réglementation relative à la liberté surveillée des mineurs a été reprise par l'Etat, au titre de sa responsabilité en matière de service public pénitentiaire. S'y sont ajoutés les services et établissements d'accueil des mineurs délinquants placés sur décision judiciaire.

De même, dans le statut de 1996, l'Etat n'était compétent que pour « *l'organisation législative de l'état-civil* » ce qui laissait à la Polynésie française la responsabilité de la partie réglementaire. La nouvelle loi ne comporte plus aucune restriction et tout ce qui concerne les actes d'état-civil relève désormais de la compétence de l'Etat.

Pour mettre en places ses politiques, l'assemblée de Polynésie adopte des actes dénommés « *lois du pays* » (article 140 de la loi organique) lorsqu'ils relèvent de l'article 13 de la loi organique ou des compétences partagées et qu'ils sont du domaine de la loi (article 34 de la Constitution de la République).

Toutefois, ces « *lois du pays* », adoptées dans les matières qui relèveraient normalement du domaine de la loi, sont soumises au contrôle juridictionnel du Conseil d'Etat et non du Conseil constitutionnel, comme en Nouvelle-Calédonie.

1.2.1.3. Les compétences partagées de l'Etat et de la Collectivité

Par ailleurs, dans le cadre de l'article 74 de la Constitution, les collectivités d'outre-mer (COM) ont aussi la possibilité de participer à l'exercice des compétences résiduelles de l'Etat. Les matières où cette participation est possible, sont définies par la loi organique statutaire. Elle est exercée sous le contrôle de l'Etat et doit respecter les garanties accordées sur l'ensemble du territoire national pour l'exercice des libertés publiques.

Dès cette nouvelle loi statutaire de 2004, modifiée en 2007, 2011 et 2019, ce principe fut mis en œuvre en précisant d'une part, la liste des domaines de compétence de l'Etat dans lesquelles la Polynésie française pouvait être habilitée à intervenir et en détaillant d'autre part, pour chaque catégorie d'acte, la procédure applicable.

Les articles 31, 34, 37 et 38 énumèrent ainsi les principaux domaines où cette participation est possible.

A l'article 31 sont notamment visés le droit des personnes, l'entrée et le séjour des étrangers (à l'exception, entre autres, du droit d'asile), la communication audiovisuelle…

L'article 34 pour sa part, cite la participation à l'exercice des missions de police incombant à l'Etat en matière de surveillance et d'occupation du domaine public, de police de la sécurité routière, de police de la circulation maritime dans les eaux intérieures, de sureté des installations portuaires…

L'article 37 de la loi organique institue le vocable d'« *enseignement universitaire* », afin de mieux affirmer la compétence de la Polynésie française sur les enseignements post-baccalauréat dispensés hors de l'Université (BTS, préparation aux grandes écoles, école normale, école des sage-femmes, arts et métiers).

Enfin l'article 38 ouvre la possibilité pour l'Etat de confier au président de la Polynésie française, des pouvoirs lui permettant de négocier et de signer des accords avec un ou plusieurs Etats du Pacifique, ou à minima de participer au sein de la délégation française, aux négociations. Cette participation est étendue à l'article 41 aux négociations relatives aux relations entre l'Union européenne et la Polynésie française.

Ces pouvoirs seront à nouveau accrus par la loi organique de 2019, en autorisant la collectivité à adhérer à des organisations internationales hors Pacifique.

Ce même texte de 2019 va par ailleurs donner une assise juridique aux autorités administratives indépendantes, créées par le pays. Elle s'efforce enfin de faciliter le règlement des difficultés foncières liées aux lacunes existant au niveau de l'état civil, des successions et du cadastre.

Dans le prolongement d'un processus entamé dès 1984, la loi organique n° 2004-192 du 27 février 2004 portant statut d'autonomie de la Polynésie française, modifiée en 2007, 2011 et 2019, accorde donc à la Polynésie française une autonomie de gestion de plus en plus étendue.

1.2.2. La question communale

1.2.2.1. Les principes généraux

De création récente (loi du 24 décembre 1971), les 48 communes de Polynésie française furent longtemps régies par des dispositions du code des communes applicables en métropole, avant la décentralisation. Elles étaient en particulier soumises à une tutelle de l'Etat avec un contrôle des actes a priori.

Depuis l'extension des dispositions du Code général des collectivités territoriales (CGCT) aux communes polynésiennes (ordonnance du 5 octobre 2007) et plus particulièrement depuis le 1er janvier 2012, l'ensemble des communes sont passées à un régime de contrôle *a posteriori* de leurs actes.

L'article 6 de la loi organique de 2004 dispose que « *Les communes de la Polynésie française, collectivités territoriales de la République, s'administrent librement dans les conditions prévues par la Constitution, la présente loi organique et les dispositions législatives qui leur sont applicables* ». Cet article reconnaît aux communes polynésiennes un régime identique à celui applicable en métropole.

Mais si les communes polynésiennes sont assimilées à des communes de droit commun, elles ne disposent pas pour autant de tous les outils juridiques et financiers pour agir en tant que telles.

D'une part, elles n'ont, comme l'Etat, qu'une compétence d'attribution (art. 43 LO 2004), la Polynésie française détenant une compétence générale de principe.

De plus, aux termes de cette même loi organique, l'Etat demeure ainsi compétent en matière de fonction publique communale (article 14 LO 2004).

Il en résulte que les compétences des communes ne peuvent être interprétées que de manière restrictive et que ces collectivités ne peuvent mettre en œuvre que les seules compétences qui leur ont été explicitement attribuées par des lois.

L'article 43 énumère neuf domaines, la police municipale, la voirie communale, les cimetières, les transports communaux, l'enseignement du premier degré, la distribution d'eau potable, la collecte et le traitement des eaux usées, des déchets végétaux et des ordures ménagères

D'autre part, alors qu'en métropole, sur le fondement de la clause générale de compétence, les communes peuvent, dans le respect de la réglementation supérieure, intervenir dans des domaines ou activités qui présentent un intérêt local, les communes polynésiennes ne peuvent pas agir dans des domaines qui ne relèvent pas explicitement de leur compétence.

La Polynésie française peut toutefois, par voie de loi du pays, déléguer aux communes les compétences qu'elle exerce en matière d'aides et d'interventions économiques, d'aides sociales, d'urbanisme, de culture et de patrimoine, de jeunesse et sport, de protection de l'environnement et de maîtrise de l'énergie, de politique du logement et de la ville.

En matière de coopération intercommunale, coexistent, comme en métropole, plusieurs types de structure au nombre de onze en 2021 : trois communautés de communes (HAVAI aux Iles sous le Vent, CODIM aux Marquises et depuis janvier 2021, Terehemanu à Tahiti hors Papeete), six syndicats de communes et deux syndicats mixtes.

La loi organique de juillet 2019 prend un certain nombre de dispositions, pour développer la coopération intercommunale à fiscalité propre, en donnant aux communes des compétences structurantes dans le cadre des intercommunalités à venir (environnement, logement, politique de la ville).

Les règles relatives à l'administration, à l'organisation et aux compétences des communes, de leurs groupements et de leurs établissements publics relèvent de la compétence de l'Etat, de même que les règles relatives au régime comptable et financier et au contrôle budgétaire des communes. Toutefois, dans ce domaine, la Polynésie française reçoit compétence pour définir les règles relatives aux marchés publics passés au nom des communes et aux délégations de service public consenties par les communes.

Il appartient enfin aux institutions de la Polynésie française de tracer le cadre d'une fiscalité spécifique aux communes.

Les constats opérés conduisent à relever la forte dépendance des communes à l'égard des dotations et subventions de l'Etat et du Pays et la faiblesse de leurs ressources propres. Cette dépendance est en grande partie liée à l'absence de fiscalité propre aux communes, cette compétence étant dévolue à la seule Polynésie française.

1.2.2.2. La question de la fonction publique et de la fiscalité communale

Il résulte du cadre juridique construit par les différentes lois organiques une vraie difficulté à mettre en place tant une fiscalité qu'une fonction publique communale

En effet, si la mise en place d'une fonction publique communale est une compétence de l'Etat, la création d'une fiscalité propre aux communes relève de la Collectivité.

1.2.2.2.1. La fiscalité communale

La fiscalité communale constitue un des trois piliers de la réforme communale aux côtés de l'extension du Code général des collectivités territoriales aux communes de Polynésie réalisée en 2008 et de la mise en place d'un statut de la fonction publique communale.

Le statut d'autonomie donne compétence à la Polynésie française en matière de fiscalité locale (cf. article 53 de la LO de 2004).

Pour autant, l'intégralité des produits fiscaux aujourd'hui perçus par les communes de Polynésie relève d'impositions instituées avant l'entrée en vigueur de la loi organique de 2004.

Ces impositions, issues pour la plupart du Code des communes (taxe de séjour, taxe sur l'électricité, taxe sur la publicité, centimes additionnels sur la contribution des patentes, des licences et impôt foncier sur les propriétés bâties), demeurent applicables dans la mesure où elles n'ont pas été expressément abrogées lors de l'extension du Code général des collectivités territoriales en Polynésie française en 2008. Ces impositions communales représentent moins du quart des produits de fonctionnement.

Dans ce cadre, l'article 52 de la loi organique de 2004 a aussi institué un fonds intercommunal de péréquation (FIP) devant recevoir une quote-part (d'un minimum de 15%) des impôts, droits et taxes perçus par le budget de la Polynésie. Il peut également recevoir des subventions de l'Etat et de la Collectivité. Sa répartition entre les communes relève du comité des finances locales.

Dans un contexte où les communes voient les dotations et subventions se réduire en raison des difficultés financières de la collectivité Polynésie française et du FIP, la question de leur autonomie financière se pose. Près des 2/3 des ressources communales proviennent en effet de transferts sur lesquels les demandeurs n'ont pas de maîtrise.

Pour autant, la Collectivité n'a jamais engagé de véritable réforme en la matière.

Dans le débat d'orientation budgétaire présenté par le gouvernement de Polynésie française et organisé à l'assemblée territoriale le 31 octobre 2013, il était mentionné que le gouvernement veillera « *dans les mois qui viennent à engager le dialogue permettant la mise en place d'une véritable fiscalité communale assurant aux communes leur autonomie financière, tout en préservant les grands équilibres budgétaires du Pays* ».

Néanmoins, depuis lors, aucune évolution profonde n'a pu être constatée, même si une légère augmentation du produit des impôts et taxes liés à un meilleur recouvrement a pu être observée. Toutefois les recettes fiscales restent limitées à environ 20% des recettes réelles de fonctionnement.

1.2.2.2.2. La fonction publique communale

L'ordonnance n° 2005-10 du 4 janvier 2005, plusieurs fois modifiée (dont la dernière par l'ordonnance n° 2021-1605 du 8 décembre 2021) portant statut général des fonctionnaires des communes et groupements de communes de

Polynésie Française dote d'un statut, les quelques 4 500 agents des 48 communes, des groupements de communes de Polynésie française et de leurs établissements publics administratifs.

Les trois décrets d'application, l'un du 29 août, les deux autres du 15 novembre 2011, ainsi que la cinquantaine d'arrêtés nécessaires à la mise en place de la fonction publique communale ont été rédigés par les services du Haut-commissariat sur la base d'une large concertation avec les élus communaux, les cadres communaux et les organisations syndicales, dès juin 2008.

Après plusieurs reports successifs, la réforme de la fonction publique communale est mise en œuvre de manière progressive depuis 2012. Ce mouvement s'est fait dans un contexte financier difficile pour les communes, d'autant qu'il génère un surcoût à court terme du fait notamment du reclassement de personnels aux contrats disparates (Code du travail, convention collective ANFA, statut particulier…) et relevant pour les plus nombreux de l'ex-catégorie D.

Les champs d'action respectifs de l'Etat, de la collectivité de Polynésie française et des communes demeurent donc marqués par l'inachèvement ou l'incomplétude des processus financiers et de transferts de compétences, devant résulter de ces lois statutaires successives.

De plus, en mai 2013, l'assemblée générale de l'ONU a adopté une résolution plaçant la Polynésie française, sur la liste des territoires à décoloniser. La France avait boycotté l'examen de cette résolution en se référant, alors, à la défaite du camp indépendantiste aux élections territoriales qui venaient de s'y dérouler.

La question pourrait toutefois se reposer si, dix ans après, une nouvelle résolution venait à être présentée car l'argument électoral ne pourrait plus être invoqué après la victoire du camp indépendantiste aux élections territoriales d'avril 2023.

2. Les Terres australes et antarctiques françaises (TAAF) et l'ile de Clipperton

Les Terres australes et antarctiques françaises (TAAF) comprennent cinq districts, l'archipel Crozet et les îles éparses, dans l'Océan Indien, les îles Kerguelen ainsi que les îles St Paul et Amsterdam dans l'Océan Indien et le continent Antarctique et la Terre Adélie sur le continent Antarctique. L'île de Clipperton se situe, pour sa part, dans le Pacifique à près de 1100 kms des côtes sud-ouest du Mexique.

Le territoire des TAAF n'a jamais eu de population autochtone ou permanente à l'exception de quelques tentatives brèves et très limitées de colonisation. Une présence humaine, de l'ordre de 400 personnes, existe néanmoins sur plusieurs de ces territoires, composée de scientifiques et de militaires français.

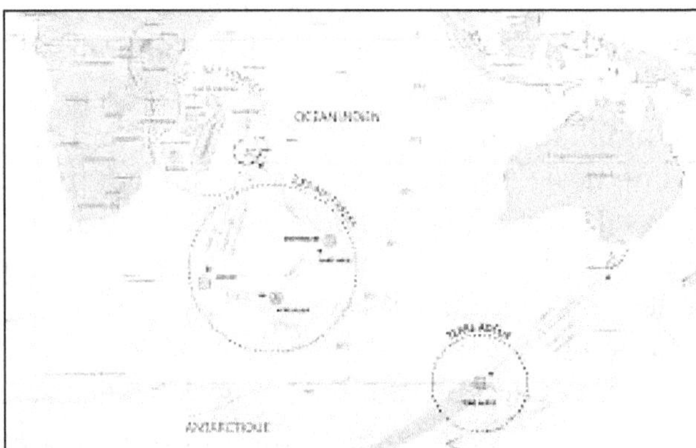

Source : OCTA

Les TAAF s'étendent au total sur une superficie de 7829 kilomètres carrés et assure à la France, une zone économique exclusive (ZEE) de 2,35 M kms², soit 23% de la surface totale des eaux sous juridiction française. La superficie de l'île de Clipperton se limite à 1,7 km² et ses prétentions sur la ZEE (435 612 kms²) depuis l'adoption de la Convention internationale sur le droit de la mer en 1982, sont, faute de présence humaine, contestées par le Mexique.

S'agissant des îles subantarctiques, la France en prend possession à la fin du XIXe siècle (avec l'exception de l'archipel des Kerguelen en 1774). Ces territoires sont ensuite incorporés au gouvernement général de Madagascar (1924).

La loi n° 55-1052 du 6 août 1955 érige les trois districts de Kerguelen, Crozet ainsi qu'Amsterdam et Saint Paul en territoire d'Outre-mer à statut spécial, ce qui leur permet de rester français au moment de l'indépendance de Madagascar en 1960.

Pour les îles éparses, la France en prend possession là aussi à la fin du XIXe siècle (Tromelin à la fin du XVIIIème siècle), et elles sont de la même façon incorporée au gouvernement général de Madagascar en 1924. Elles ne sont pas, en revanche, concernées par la loi de 1955, mais le décret n° 60-555 du 1er avril 1960 les maintient sous souveraineté française en les plaçant sous l'autorité du ministre chargé de l'Outre-mer. Leurs modalités d'administration ne seront cependant précisées que beaucoup plus tardivement, par un arrêté du 3 janvier 2005, puis par la loi du 21 février 2007, qui les incluent dans les Terres australes et antarctiques françaises.

Les îles éparses continuent cependant de faire l'objet de revendications territoriales, notamment de Madagascar, des Comores et pour Tromelin, de Maurice avec qui, néanmoins, un accord de cogestion a pu être signé en juin 2010, portant sur les recherches archéologiques, la protection de l'environnement et la gestion des ressources halieutiques.

La Terre Adélie fut découverte en 1840. La France y dispose d'un district sur lequel elle exerce sa « *revendication de souveraineté* », certains États refusant par principe toute appropriation territoriale de l'Antarctique. L'étendue exacte de la revendication française est formellement annoncée par le décret du 1er avril 1938.

Cette région dispose d'un statut particulier. Le traité sur l'Antarctique (1959) établit un gel des prétentions territoriales, ce qui assure la démilitarisation et la dénucléarisation de la zone et affirme la liberté de la recherche scientifique sur tout le continent.

Le traité de 1959 a été complété en 1991 par le protocole de Madrid, entré en vigueur en 1998, qui fait de ce continent « *une réserve naturelle consacrée à la paix et à la science* », interdisant toute activité commerciale relative aux ressources minérales, et conditionnant les activités à une étude préalable d'impact sur l'environnement.

Ce texte entre dans notre ordre juridique interne par la loi du 15 avril 2003 relative à la protection de l'environnement en Antarctique et le décret d'application du 25 avril 2005. Toute activité française en Terre Adélie doit dorénavant être déclarée ou autorisée.

La loi du 6 août 1955, qui a créé ce territoire des TAAF, prévoyait dans son article 1-1 que :

« *Dans les matières qui relèvent de la compétence de l'Etat, sont applicables dans les Terres australes et antarctiques françaises les dispositions législatives et règlementaires qui comportent une mention expresse à cette fin.*

Par dérogation au premier alinéa, sont applicables de plein droit dans les Terres australes et antarctiques françaises, sans préjudice de dispositions les adaptant à l'organisation particulière du territoire, les dispositions législatives et réglementaires qui sont relatives à la composition, à l'organisation, au fonctionnement et aux attributions des pouvoirs publics constitutionnels de la République, du Conseil d'Etat, de la Cour de cassation, de la Cour des comptes ».

Les TAAF constituent donc un territoire d'Outre-mer doté de l'autonomie administrative et financière. Ils sont, en application de l'article 72 de la Constitution, une collectivité à statut particulier, avec un régime de spécialité législative, où ne sont applicables que les dispositions législatives et réglementaires qui comportent une mention expresse à cette fin.

Le fait que le statut du territoire soit resté inchangé pendant plus de cinquante ans a souvent été critiqué. La loi n°2007-224 du 21 février 2007 qui précise et actualise le statut du territoire des TAAF, conserve une orientation similaire, sur la base d'un texte légèrement modifié.

Pour sa part, l'île de Clipperton, qui est de la même façon sous souveraineté française et sans aucun habitant permanent, est, depuis la révision constitutionnelle du 28 mars 2003, distinguée des TAAF dans la Constitution (article 72-3 al 4 : « *La loi détermine le régime législatif et l'organisation particulière des Terres australes et antarctiques françaises et de Clipperton* ») et par la loi n° 2007-224 du 21 février 2007 « *portant statut des Terres australes et antarctiques françaises et de l'île de Clipperton* ».

Elle est placée sous l'autorité directe du Gouvernement et le ministre des Outre-mer est en charge de l'administration de l'île. Celui-ci peut, néanmoins compte tenu de l'éloignement, déléguer ses pouvoirs au Haut-commissaire en Polynésie française, sans que pour autant l'île de Clipperton ne soit rattaché à cette collectivité d'Outre-mer.

2.1. Le statut juridique des TAAF

2.1.1. Un statut relevant de la loi

L'article 72-3 de la Constitution, qui définit le statut des collectivités d'Outre-mer, précise, depuis la révision de la constitution de 2003, que « *la loi détermine le régime législatif et l'organisation particulière des Terres australes et antarctiques françaises* ».

L'inclusion des TAAF dans cet article montre qu'il s'agit bien d'une collectivité à statut particulier, catégorie prévue par la première phrase de l'article 72 de la Constitution. Contrairement aux autres collectivités, qui relèvent selon les cas des articles 73, 74 ou du titre XIII pour la Nouvelle-Calédonie, son statut n'est pas cependant précisé par le texte constitutionnel, mais par la loi.

La loi n° 55-1052 du 6 août 1955 a érigé les îles Saint-Paul et Amsterdam, les archipels Kerguelen et Crozet ainsi que la Terre Adélie en territoire d'Outre-mer, jouissant de l'autonomie administrative et financière. Ce statut est confirmé par la loi n°2007-224 du 21 février 2007, qui, dans son article 14, indique que ces territoires, ainsi que les îles éparses, « *forment un territoire d'outre-mer doté de la personnalité morale et possédant l'autonomie administrative et financière* ».

La Constitution et la loi de 1955 modifiée par celle de 2007 ont donc fait des TAAF une collectivité territoriale, dotée, en conséquence, d'une compétence générale, mais à statut particulier. En l'absence de population permanente, le territoire est administré par un administrateur supérieur, assisté d'un conseil consultatif.

Le territoire des TAAF reste en dehors de l'Union européenne, ce qui signifie que le droit s'y appliquant n'est pas le droit communautaire, mais il constitue un pays et territoire d'outre-mer (PTOM), ce qui le rend éligible notamment au fonds européen de développement.

2.1.2. La spécialité législative

La loi de 2007 confirme que le territoire est régi par le principe de spécialité législative, c'est-à-dire que ne sont applicables que les dispositions législatives et réglementaires qui comportent une mention expresse à cette fin. Cette loi a cependant atténué ce principe en prévoyant d'importantes dérogations.

Sont ainsi applicables de plein droit, au terme de son article 14, les dispositions législatives et réglementaires relatives :

« *1° A la composition, à l'organisation, au fonctionnement et aux attributions des pouvoirs publics constitutionnels de la République, du Conseil d'Etat, de la Cour de cassation, de la Cour des comptes, du tribunal des conflits et de toute juridiction nationale souveraine, du Défenseur des droits et de la Commission nationale de l'informatique et des libertés ;*

2° A la défense nationale ;

3° A la nationalité ;

4° Au droit civil ;

5° Au droit pénal et à la procédure pénale ;

6° A la monnaie, au Trésor, au crédit et aux changes, aux relations financières avec l'étranger, à la lutte contre la circulation illicite et le blanchiment des capitaux, à la lutte contre le financement du terrorisme, aux pouvoirs de recherche et de constatation des infractions et aux procédures contentieuses en matière douanière, au régime des investissements étrangers dans une activité qui participe à l'exercice de l'autorité publique ou relevant d'activités de nature à porter atteinte à l'ordre public, à la sécurité publique, aux intérêts de la défense nationale ou relevant d'activités de recherche, de production ou de commercialisation d'armes, de munitions, de poudres ou de substances explosives ;

7° Au droit commercial et au droit des assurances ;

8° A la procédure administrative contentieuse et non contentieuse ;

9° Aux statuts des agents publics de l'Etat ;

10° A la recherche ».

Sont également applicables de plein droit dans les Terres australes et antarctiques françaises, « *les lois qui portent autorisation de ratifier ou d'approuver les engagements internationaux et les décrets qui décident de leur publication, ainsi que toute autre disposition législative et réglementaire qui, en raison de son objet, est nécessairement destinée à régir l'ensemble du territoire de la République* ».

Les actes ressortissants de la compétence du territoire, de même que les décisions de l'administrateur supérieur relevant des compétences de l'Etat sont publiés au Journal officiel des Terres australes et antarctiques françaises. Ils entrent en vigueur à la date qu'ils fixent ou, à défaut, le lendemain de leur publication.

2.2. Les institutions

2.2.1. L'Administrateur supérieur

Celui-ci cumule les fonctions de représentant de l'Etat et de chef du territoire.

En sa qualité de représentant de l'Etat, il a rang de préfet. Il y représente le Gouvernement, dont il reçoit les instructions par l'intermédiaire du ministre chargé de l'Outre-mer. Il assure l'ordre public et concourt au respect des libertés publiques et des droits individuels et collectifs. Il a la charge des intérêts nationaux et du respect des lois. Il est responsable de la préparation et de l'exécution des mesures de défense qui n'ont pas un caractère militaire.

Il est associé, au sein de la délégation française, aux réunions et travaux des organismes internationaux portant sur des questions intéressant les Terres australes et antarctiques françaises.

L'Administrateur supérieur dirige les services de l'Etat et détermine les orientations nécessaires à la mise en œuvre dans le territoire des politiques nationales de sa compétence. Il assure également le contrôle administratif des organismes ou personnes publics ou privés bénéficiant de subventions ou contributions de l'Etat.

En tant que chef du territoire, il veille sur ses intérêts généraux. Il organise les services territoriaux dont il est le chef hiérarchique. Il prend tous actes réglementaires qui relèvent de sa compétence de chef du territoire aux termes des lois et règlements. Il établit, par arrêté, le mode d'assiette, la quotité et les règles de perception des droits, impôts, taxes et contributions de toute nature, autres que les droits de douane perçus au profit du budget local du territoire. Il fixe par arrêté la réglementation et la tarification douanières du territoire.

Il peut, par arrêté, adapter les décrets et les arrêtés ministériels aux particularités du territoire. Ces derniers ne peuvent entrer en vigueur que s'ils ont été approuvés par le ministre chargé de l'Outre-Mer. Toutefois, ils sont définitifs et peuvent être publiés si ce dernier n'a pas prononcé leur annulation dans un délai d'un mois à compter de la date de leur réception dans les services de l'administration centrale.

L'Administrateur supérieur représente le territoire en justice dans tous les actes de la vie civile. En cas de litige entre l'Etat et le territoire, ce dernier est représenté par le président du conseil consultatif.

2.2.2. Le conseil consultatif

Depuis le décret de 2008, le conseil consultatif des Terres australes et antarctiques françaises comprend treize membres (et autant de suppléants), nommés pour quatre ans, dont six sont désignés par le ministre chargé de l'Outre-mer, cinq par d'autres départements ministériels (défense, recherche, pêche, environnement, affaires étrangères) et deux par les présidents de l'Assemblée nationale et du Sénat.

Le ministre chargé de l'Outre-Mer nomme le président du conseil consultatif ainsi qu'un vice-président. Il peut présider le conseil consultatif lorsqu'il le juge utile.

L'Administrateur supérieur ou son représentant participe à ses travaux et assure le secrétariat de la séance.

Sa composition actuelle date d'un arrêté du 8 juillet 2021 nommant ses membres pour une période de quatre ans. Outre un député et un sénateur, il s'agit pour l'essentiel de responsables d'organismes administratifs (ambassadeur délégué à la coopération régionale dans l'Océan Indien, directeur de la pêche maritime et de l'aquaculture, président de l'institut océanographique Paul Ricard, directeur de l'institut polaire Paul-Emile Victor, contrôleur général des armées…).

Sa présidente est actuellement la navigatrice Isabelle Autissier, ingénieur agronome.

Le conseil consultatif se réunit au moins deux fois par an. Il se prononce à la majorité des voix des membres présents ou représentés. Il est obligatoirement consulté sur le budget du territoire, les projets d'arrêtés pris en matière de recettes (impôts, droits de pêche et de douane…) et les demandes de concessions et d'exploitation.

Il est informé, par l'Administrateur supérieur, des projets de programmes scientifiques dans le territoire.

La loi de 2007 et son décret d'application de 2008 ont partiellement répondu à la critique de l'immobilisme, en modernisant et précisant le statut, en particulier les pouvoirs de l'administrateur général, et en introduisant des limitations au principe de spécialité législative.

2.3. L'organisation administrative

Le siège administratif qui se trouvait initialement à Paris a été installé en 2000 à Saint-Pierre, La Réunion. Le territoire des TAAF a cependant gardé des locaux à Paris occupés notamment par le service médical.

L'administration du territoire des terres australes et antarctiques françaises (TAAF) est composée de cinq districts. Un se situe sur le continent antarctique, la Terre

Adélie ; trois sont des îles australes dans le sud de l'océan Indien, Kerguelen, Crozet et Amsterdam et Saint-Paul ; le dernier, le plus récent, est constitué des îles éparses, proches de Madagascar.

2.3.1. L'organisation au siège

L'administration du territoire des TAAF est similaire à celle d'une préfecture : un préfet, administrateur supérieur, un secrétaire général et un chef de cabinet, responsable du pôle communication et affaires culturelles.

Aux termes de l'arrêté du 22 août 2019, les services centraux comprennent une direction administrative et financière (chargée entre autres, du service de la poste et de la philatélie), une direction des services techniques, une direction de l'environnement, une direction des pêches et des questions maritimes, un service des affaires juridiques et internationales et un service médical.

2.3.2. Les districts

Les TAAF sont donc subdivisées en cinq districts administratifs (Terre Adélie, Kerguelen, Crozet, Amsterdam et Saint Paul, Iles éparses), qui ne sont pas des collectivités de niveau inférieur mais de simples circonscriptions déconcentrées.

L'Administrateur supérieur est représenté dans chacun des districts par un chef de district qu'il désigne pour une période allant de trois mois à un an. Ces responsables sont officiers de police judiciaire et remplissent les fonctions d'officier d'état civil.

Sous l'autorité de l'Administrateur supérieur, ils veillent au respect des lois et règlements et concourent au maintien de l'ordre public, de la sécurité et de la protection des personnes. Ils animent et coordonnent l'action, dans la circonscription, des services de l'Etat.

CHAPITRE III

Les collectivités uniques

Dans le prolongement de la révision constitutionnelle de mars 2003 introduisant au dernier alinéa de l'article 73, la possibilité de création par la loi soit d'une collectivité se substituant à un département et région d'Outre-mer, soit l'institution d'une assemblée unique pour ces deux collectivités dès lors que ce choix avait été fait par référendum. Des consultations eurent lieu dès fin 2003 en Guadeloupe et Martinique mais sans aboutir.

Six ans plus tard, deux nouveaux référendums, le 10 janvier 2010, proposant, tant en Guyane qu'en Martinique, le passage de ces deux DROMs de l'article 73 de la Constitution en collectivités relevant de l'article 74 furent rejetés. Quinze jours plus tard, le 24 janvier 2010, deux nouvelles consultations validaient le passage de ces deux DROMs en deux collectivités uniques qui demeuraient régies par l'article 73 de la Constitution. Ce choix était celui de 68,30% des électeurs guyanais et de 57,48% des électeurs martiniquais mais avec des taux de participation très faible, respectivement de 35,81% et de 27,44%.

Dans la foulée de ces deux référendums, la loi du 27 juillet 2011 relatives aux collectivités territoriales de Guyane et Martinique actaient la transformation de ces départements et régions en collectivités uniques exerçant à la fois les compétences de ces deux institutions précédentes.

Une commission tripartite, prévue à l'article 15 de la loi, comprenant des représentant de l'Etat, de la région et du département, devait être consultée sur les projets d'ordonnance et de décrets devant instituer la collectivité unique. Elle était également chargée d'évaluer et contrôler la réalité des charges, engagements et garanties du département et de la région à la collectivité unique.

Aux termes de cette loi, la mise en place de ces collectivités uniques devait être effective en mars 2014 mais elle ne se fera finalement qu'en décembre 2015 en même temps que le renouvellement général des conseils régionaux sur l'ensemble du territoire national, conformément à l'article 10 de la loi n° 2015-29 du 16 janvier 2015 relative à la délimitation des régions, aux élections régionales et départementales et modifiant le calendrier électoral.

1. GUYANE

La Guyane est située au nord-est de l'Amérique du Sud, entre le Surinam et le Brésil, au-delà du fleuve Oyapock. Sa superficie est de 83 846 kms². Selon l'INSEE, la population légale totale de la Guyane en vigueur au 1er janvier 2022 était de l'ordre de 284 000 habitants, dont 33 % de moins de 15 ans. Depuis 2015 la croissance démographique est de près de 20% (18,33% de 240 000 habitants à 284 000 h).

Au vu de l'étendue de ce territoire, le nombre de communes de 22 regroupées en trois communautés de communes et une communauté d'agglomération du Centre-Littoral (englobant Cayenne) apparaît très limité.

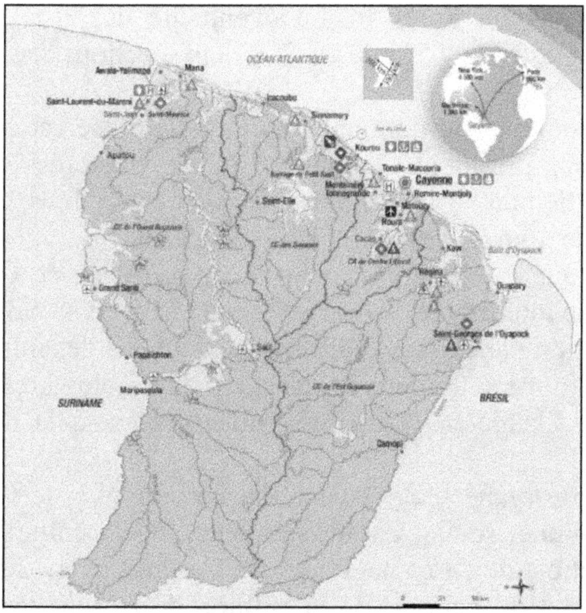

Source : IEDOM

La collectivité territoriale unique de Guyane (CTG) a succédé à la Région et au Département préexistant au 18 décembre 2015.

1.1. Les organes de la collectivité unique.

Les organes de la collectivité territoriale de Guyane comprennent l'Assemblée de Guyane et son président, assistés du conseil économique, social, environnemental, de la culture et de l'éducation de Guyane et du grand conseil coutumier des populations amérindiennes et bushinenges.

L'assemblée délibérante est composée de 51 membres élus pour six ans et renouvelables.

L'élection se fait sur la base d'une circonscription électorale unique, composée de huit sections électorales. Le mode de scrutin est celui d'un scrutin de liste à deux tours avec représentation proportionnelle à la plus forte moyenne, combinée avec une prime majoritaire de 25% pour la liste arrivée en tête après fusion éventuelle des listes ayant recueilli au moins 5% des voix (idem élections régionales en métropole).

La commission permanente de l'assemblée est composée de son président, de quatre à quinze vice-présidents et, éventuellement, d'un ou plusieurs autres membres, dans la limite de quinze (article L. 7123-4 du CGCT).

Lorsque le fonctionnement de l'Assemblée de Guyane se révèle impossible, le gouvernement peut en prononcer la dissolution par décret motivé pris en conseil des ministres. Il en informe le Parlement dans le délai le plus bref. Il est procédé à la réélection de l'assemblée dans un délai de deux mois.

Autre organe mais à vocation consultative, le Conseil économique, social, environnemental, de la culture et de l'éducation de Guyane relève de la fusion en 2011 du CESER et du Conseil de la culture, de l'éducation et de l'environnement. Ce conseil est composé de 38 membres désignés par les organisations professionnelles et syndicales, les associations et de personnalités qualifiées.

Enfin l'article 78 de la loi du 26 février 2017 relative à l'égalité réelle Outre-mer a mis en place un Grand conseil coutumier des populations amérindiennes et bushinenges (succédant au conseil coutumier existant depuis 2007).

Le décret d'application du 13 juin 2018 place ce Grand conseil auprès du représentant de l'Etat. Il est composé de 18 membres élus pour six ans, renouvelables et assure la représentation de ces populations et la défense de leurs intérêts

1.2. Les compétences de la collectivité unique.

Aux termes de l'article 2 de la loi du 27 juillet 2011, « *la Guyane constitue une collectivité territoriale de la République régie par l'article 73 de la Constitution qui exerce les compétences attribuées à un département d'outre-mer et à une région d'outre-mer et toutes les compétences qui lui sont dévolues par la loi pour tenir compte de ses caractéristiques et contraintes particulières* ».

En outre, « *la collectivité territoriale de Guyane succède au département de la Guyane et à la région de Guyane dans tous leurs droits et obligations* » (article L. 7111-2 du CGCT).

L'article L. 7151-1 du Code général des collectivités locales (CGCT) dispose que « *l'Assemblée de Guyane règle par ses délibérations les affaires de la collectivité territoriale de Guyane. Elle a compétence pour promouvoir la coopération régionale, le développement économique, social, sanitaire, culturel et scientifique de la Guyane et l'aménagement de son territoire et pour assurer la préservation de son identité, dans le respect de l'intégrité, de l'autonomie et des attributions des communes. Elle peut engager des actions complémentaires de celles de l'Etat, des communes et de leurs groupements et des établissements publics situés dans la collectivité territoriale* ».

Le principe d'identité législative s'applique donc, tout en permettant des adaptations dans les domaines non régaliens, comme prévu par l'article 73 de la Constitution (ex : la CTG, et non l'Etat, est ainsi compétente pour délivrer les titres miniers offshore portant sur des minerais utiles à l'énergie atomique).

Le Congrès des élus de Guyane a eu l'occasion, en mars 2022, de voter, à l'unanimité, une motion pour une consultation populaire se prononçant sur un « *processus pour une évolution institutionnelle menant vers une autonomie du territoire* ».

2. Martinique

La Martinique est située dans la mer des Caraïbes, entre la Dominique au nord et Sainte-Lucie au sud, à environ 420 kms au nord-nord-est des côtes du Venezuela, et environ 865 kms à l'est-sud-est de la République dominicaine.

Selon le dernier recensement de l'INSEE, la Martinique comptait 361 225 habitants au 1er janvier 2020,répartis sur 1128 kms². Elle compte 34 communes et trois communautés d'agglomération.

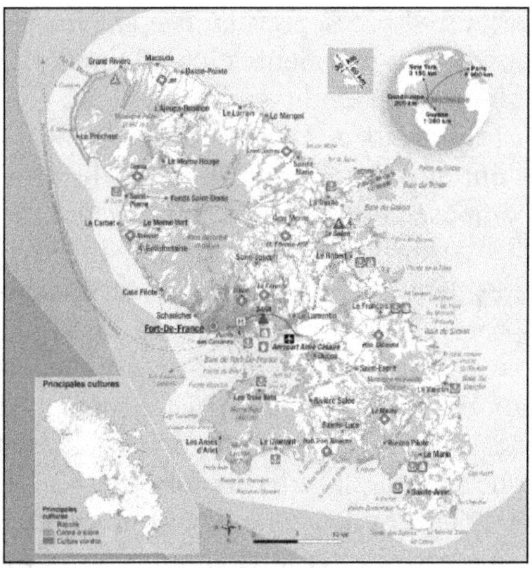

Source : IEDOM

Comme pour la Guyane, la collectivité territoriale unique de Martinique (CTM) a succédé à la Région et au Département préexistant au 18 décembre 2015.

Le plateau continental exploitable de façon exclusive par la France a été étendu à 350 miles des côtes en 2015 (soit au-delà de la zone économique exclusive, qui reste fixée à 200 miles des côtes), après l'avis favorable de l'Organisation des nations unies.

2.1. Les organes de la collectivité unique.

Les organes de la collectivité territoriale de Martinique diffèrent assez sensiblement de celles de la Guyane.

Ils comprennent l'assemblée de Martinique et son président, le conseil exécutif de Martinique et son président, assistés du Conseil économique, social, environnemental, de la culture et de l'éducation de Martinique.

Concernant l'assemblée de Martinique, comme en Guyane, son nombre de membres est fixé à 51 et son mode d'élection, sur la base d'une circonscription unique divisée en section, est celui du scrutin proportionnel de liste avec prime majoritaire de 25% pour la liste arrivée en tête. Son président et ses vice-présidents élus à la majorité absolue, puis relative à compter du troisième tour, sont chargés d'organiser les travaux de l'Assemblée.

Puis est élu au scrutin majoritaire de liste, un Conseil exécutif composé de neuf membres, qui est chargé d'exécuter et de diriger l'action de la collectivité territoriale. Son président est le candidat figurant en tête de la liste élue. Tout conseiller à l'assemblée de Martinique élu au Conseil exécutif doit démissionner de son mandat dans un délai d'un mois et être remplacé par les suivants de liste.

Ce modèle s'inspire donc largement du statut de la Corse, tel que mis en place par la loi n°91-428. L'exécutif est dissocié de la présidence de l'Assemblée, ce qui tend à ce que soit mieux respecter la séparation des pouvoirs entre délibératif et exécutif.

Le Conseil exécutif est responsable devant l'Assemblée mais ne peut être renversé par celle-ci à la majorité absolue que par une motion de défiance dite « *constructive* » qui doit remplir trois conditions :

- Être signée par au moins un tiers des conseillers à l'Assemblée.
- Mentionner la motivation de la motion de défiance.

– Présenter la liste des noms des candidats aux fonctions de Président et de Conseillers exécutifs susceptibles d'entrer en fonction en cas d'adoption de la motion.

Les opposants à ce schéma original, inspiré du statut de la Corse, étaient les élus les plus attachés à l'« esprit départemental », et donc favorables au schéma retenu pour la Guyane.

Comme en Guyane, si le fonctionnement de l'assemblée de Guyane se révèle impossible, le gouvernement peut en prononcer la dissolution par décret motivé pris en conseil des ministres. Il en informe le Parlement dans le délai le plus bref. Il est procédé à la réélection de l'assemblée dans un délai de deux mois.

De même, l'Assemblée et le Conseil exécutif sont assistés d'un Conseil économique, social, environnemental, de la culture et de l'éducation (CESECE).

Enfin, perdure en Martinique un Congrès des élus créé par la loi d'orientation pour l'outre-mer (LOOM) du 28 mars 2000 et composé des parlementaires, du Président et des conseillers exécutifs, du président et des conseillers à l'Assemblée ainsi que des maires.

Il peut être saisi par l'Assemblée de toute proposition d'évolution institutionnelle ou de transfert de compétences vers la collectivité territoriale. Ces propositions sont alors retransmises à l'Assemblée et au Premier ministre. Après que le CESECE ait été consulté, l'Assemblée peut voter des délibérations et les transmet au Premier ministre.

Depuis 2000, le Congrès s'était réuni cinq fois entre 2001 et 2013, les quatre premières se concentrant sur l'évolution institutionnelles. La cinquième session a traité des demandes d'habilitation en matière de transport, d'énergie et de formation du service public de la formation professionnelle et de l'orientation.

Enfin, en juillet 2022, l'assemblée de Martinique a convoqué le Congrès des élus pour discuter des évolutions à apporter aux compétences des institutions locales. En décembre 2022, au terme de trois mois de discussions et de larges consultations, les préconisations retenues étaient présentées à l'Assemblée, avant que ne soit abordé le volet des réformes institutionnelles, le tout dans la perspective d'un comité interministériel devant se tenir au premier semestre 2023.

2.2. Les compétences de la collectivité unique.

Là aussi, comme pour la Guyane, l'article 3 de la loi du 27 juillet 2011 dispose que « *La Martinique constitue une collectivité territoriale de la République régie par l'article 73 de la Constitution qui exerce les compétences attribuées à un département d'outre-mer et à une région d'outre-mer et toutes les compétences qui lui sont dévolues par la loi pour tenir compte de ses caractéristiques et contraintes particulières* » et poursuit que « *La collectivité territoriale de Martinique succède au département de la Martinique et à la région de Martinique dans tous leurs droits et obligations* ».

De la même façon, la Martinique relève du principe d'identité législative et des adaptations conformes à l'article 73 de la Constitution.

Dès 2011, le Conseil régional de Martinique avait d'ailleurs été habilité à fixer des règles spécifiques en matière de maîtrise de la demande d'énergie ou des normes de réglementation thermique pour la construction de bâtiments et de développement des énergies renouvelables

A ce stade et concernant l'exercice de nouvelles compétences, dès lors que ce nouveau statut demeurait régi par l'article 73 de la Constitution, la loi de 2011 n'attribuait aucune compétence nouvelle à la CTM ni, par voie de conséquence, de dotation nouvelle.

En mai 2022, le président du Conseil exécutif était à l'initiative de l'« *Appel de Fort-de-France* ».

Enfin, le Congrès des élus de Martinique a, en juillet 2023, validé l'approfondissement de divers scénarios de révisions constitutionnelles, actant d'ouvrir le débat public sur ce sujet mais sans parvenir à un quelconque consensus, vu l'absence de plusieurs opposants au Président du conseil exécutif, arguant du manque de rigueur dans l'élaboration des dossiers.

CHAPITRE IV

Mayotte : « Départementalisation » ou collectivité unique ?

Située dans l'hémisphère sud, Mayotte est une île de l'archipel des Comores, composé de trois autres îles (Grande Comore, Mohéli et Anjouan situé à 70 kms de Mayotte); elle fut la première colonisée en 1841.

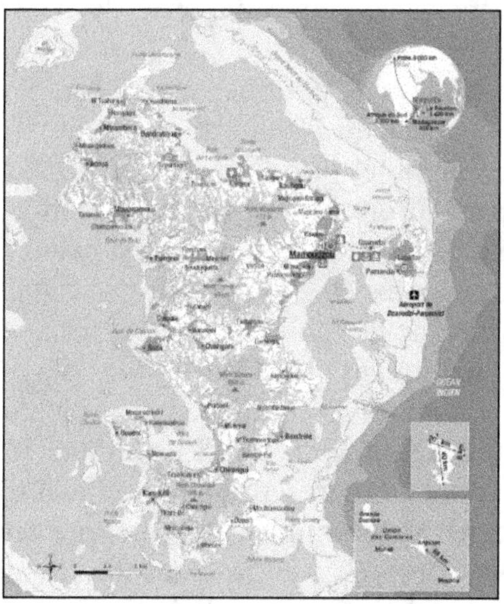

Source : IEDOM

La population recensée à Mayotte était de 212 600 habitants en 2012 (dont 40 % d'étrangers) répartie sur deux îles (Grande-Terre et Petite-Terre) et 17 communes, pour une superficie de 374 kms^2, soit 568 hab./kms^2. 46,5 % de cette population a moins de 15 ans et seulement 2,4 % plus de 65 ans. La population a triplé depuis 1985 et il convient d'y ajouter de très nombreux clandestins non recensés. Le taux de chômage s'établit à 36,6 %.

1. UN LONG PROCESSUS INSTITUTIONNEL CONDUISANT A LA DEPARTEMENTALISATION

Suite au référendum organisé le 22 décembre 1974, sur l'autodétermination des Comores et à l'issue du décompte des suffrages, contesté et condamné par l'ONU dès 1975 car fait, en violation du droit international, île par île, Mayotte avait manifesté sa volonté de rester rattachée à la République française à une majorité de 63,8 % des suffrages exprimés.

Ce vote s'expliquait, pour beaucoup, par le ressentiment lié au déclassement de Dzaoudzi sur Petite-Terre qui fut chef-lieu de l'archipel jusqu'à ce qu'en 1958, elle ne soit supplantée par Moroni sur la Grande Comore.

Les trois autres îles comoriennes avaient plébiscité l'indépendance à près de 100%. Celle-ci avait d'ailleurs été reconnue et inscrite dès août 1972 sur la liste des territoires auxquels s'appliquent la Déclaration sur l'octroi de l'indépendance aux pays et aux peuples coloniaux.

Dans sa résolution 3385 du 12 novembre 1975, relative à l'admission des Comores à l'ONU, celle-ci réaffirmait la nécessité de respecter l'unité et l'intégrité territoriale de l'archipel des Comores, composé des îles d'Anjouan, de la Grande Comore, de Mayotte et de Mohéli.

Un nouveau référendum en février 1976 confirmait cependant le maintien de Mayotte au sein de la République française à 99,42%, dans des conditions où l'opposition fut muselée et celui du 11 avril 1976 ouvrait la voie à la départementalisation.

Le 21 octobre 1976, par 102 voix pour, une contre et 28 abstentions, l'Assemblée générale de l'ONU considérait que « *les référendums imposés aux habitants de l'île comorienne de Mayotte constituent une violation des principes des résolutions pertinentes de l'Organisation des Nations unies* ».

Au total, 14 résolutions de l'ONU, de celle du 21 octobre 1976 à celle du 28 novembre 1994 confirmeront la souveraineté de la République fédérale islamique des Comores sur Mayotte. En 1995, la mise en place du « *visa Balladur* », supprimant la liberté de circulation entre les îles et érigeant une sorte de « *mur* » maritime entre Mayotte et le reste de l'archipel contribuera à accentuer les tensions, sans résoudre le problème migratoire.

Néanmoins, la France a engagé Mayotte dans un processus vers la départementalisation dont l'aboutissement s'est traduit par la loi organique du 3 août 2009 et la loi du 7 décembre 2010, mais où l'essentiel de la décentralisation avait été précédemment mis en place par la loi du 11 juillet 2001 qui avait transféré l'exécutif du conseil général à son président à compter de 2004 et avait entraîné les transferts de compétences et la partition des services (personnels et moyens) et du foncier entre l'État et le Département.

Si la loi organique du 3 août 2009 est donc celle qui consacre l'accession de Mayotte au statut de collectivité régie par l'article 73 de la Constitution, appelée « *Département* » ayant comme institution un « *Conseil départemental* », cette terminologie reflète mal la réalité de cette collectivité, première véritable collectivité unique au sens de l'article 73 de la constitution et de ses compétences, à la fois départementales et régionales.

Sans nier l'importance historique, politique et symbolique de cette terminologie exprimant la volonté des Mahorais de s'insérer dans le bloc des départements d'Outre-mer tel que défini par la loi du 19 mars 1946, il n'en reste pas moins vrai qu'au moment où la Guyane et la Martinique s'apprêtaient en 2015 à devenir collectivité territoriale unique avec assemblée unique (Assemblée de Guyane et Assemblée de Martinique), le vocable d'« Assemblée de Mayotte » eut mieux traduit la réalité de la situation.

D'ailleurs, le « *D* » majuscule attaché au « *Département de Mayotte* » montre bien la spécificité de cette collectivité alors même que le conseil dit départemental cumule les compétences d'un département et d'une région.

2. L'EVOLUTION VERS LE DROIT COMMUN : DE LA SPECIALITE A L'IDENTITE LEGISLATIVE

Afin de rendre effectives les orientations retenues, le gouvernement a entrepris, depuis 2001, un important travail interministériel tendant à harmoniser le droit applicable à Mayotte avec celui en vigueur en métropole et a engagé un travail juridique permettant d'inscrire le changement statutaire dans le Code général des collectivités territoriales.

2.1. Du principe de la spécialité législative à la marche vers l'identité législative

L'article 3 de la loi de 2001 maintient, en son paragraphe IV, le principe de la spécialité législative à Mayotte. Les lois et règlements adoptés en métropole n'y sont pas applicables sauf mention expresse d'application.

Deux dérogations étaient néanmoins apportées à ce principe : la première résulte des domaines où les textes métropolitains s'appliquent de plein droit, la seconde correspond à une amorce de passage à l'identité législative.

L'article 3, dans son paragraphe I, énumère tout d'abord une série de huit domaines où les textes seront applicables de plein droit : « *Outre les lois, ordonnances et décrets qui, en raison de leur objet, sont nécessairement destinés à régir l'ensemble du territoire national, sont applicables de plein droit à Mayotte les lois, ordonnances et décrets portant sur les matières suivantes :Nationalité ; État et capacité des personnes ; Régimes matrimoniaux, successions et libéralités ; Droit pénal ; Procédure pénale ; Procédure administrative contentieuse et non contentieuse ; Droit électoral ; Postes et télécommunications.* »

Les paragraphes II et III étendaient déjà l'identité législative dans des conditions particulières pour certaines parties du Code de commerce, du Code général des impôts et du code des douanes, à partir du 1er janvier 2007. Il en allait de même pour la partie du CGCT applicable aux départements et le code des juridictions financières, à compter du renouvellement du conseil général de Mayotte de 2007.

L'impact de la réforme constitutionnelle de 2003 n'a pas été dénué de questionnements à Mayotte. En devenant une collectivité d'Outre-mer et non plus une « collectivité départementale », le territoire pouvait donner l'impression qu'il s'éloignait du modèle métropolitain. Se fondant cependant sur les possibilités nouvellement offertes par la réforme de 2003, l'aspiration mahoraise à la départementalisation s'est alors traduite par un rapprochement avec le droit commun, *via* une identité législative partielle.

La loi organique du 21 février 2007 est venue inverser la logique précédente en posant le principe de l'identité législative généralisée. Cela signifie que les lois et règlements sont applicables de plein droit à Mayotte, à l'exception des matières relevant de la loi organique ainsi que des six domaines suivants, régis par le principe de spécialité législative, et qui ne sont applicables que sur mention expresse : Impôts, droits et taxes ; Propriété immobilière et droits réels immobiliers, cadastre, expropriation, domanialité publique, urbanisme, construction, habitation et logement, aménagement rural ; Protection et action sociales ; Droit syndical, droit du travail, de l'emploi et de la formation professionnelle ; Entrée et séjour des étrangers et droit d'asile ; Finances communales. La spécialité législative devenait donc désormais l'exception.

Plus précisément, la loi a eu deux conséquences selon qu'il s'agissait de textes antérieurs ou postérieurs au 1er janvier 2008, date de son entrée en vigueur : les textes antérieurs au 1er janvier 2008 sont en principe applicables, sauf disposition contraire (article LO 6113-1 du CGCT) ; les textes postérieurs au 1er janvier 2008 sont directement applicables dès leur entrée en vigueur, sauf adaptation nécessaire et liée aux contraintes locales. Ainsi, les textes n'ont plus besoin de comporter de mention les rendant applicables à Mayotte mais au contraire, le cas échéant, des dispositions excluant, si nécessaire, l'application de tel ou tel article.

Dans le même temps, a été adoptée l'ordonnance du 21 décembre 2007 qui a procédé à de nombreuses adaptations de plusieurs codes pour les mettre en conformité avec cette loi, notamment le Code de l'organisation judiciaire, le Code de l'environnement, le Code monétaire et financier, le Code des assurances, le Code de la recherche, le Code de l'éducation, le Code des ports maritimes, le Code général de la propriété des personnes publiques, le Code de l'aviation civile, le Code de la santé publique, et le Code rural.

Par ailleurs, dans une résolution d'avril 2008, prise à l'unanimité, le Conseil général demandait la départementalisation de Mayotte.

Le Gouvernement présentait alors aux élus mahorais, un « Pacte pour la départementalisation de Mayotte » définissant les principaux chantiers à conduire pour mener à bien le changement institutionnel : état civil fiable, pleine application de la justice républicaine, maîtrise du français, égalité hommes-femmes, instauration d'une fiscalité de droit commun, alignement de la politique sociale sur 20-25 ans, passage au statut de RUP au plan européen…

2.2. Le principe de l'identité législative généralisé en 2011

Une consultation des électeurs mahorais fut alors organisée le 29 mars 2009 et donnait, avec une participation de 61,37%, 95,24% des suffrages exprimés en faveur de la création d'une collectivité de l'article 73 de la Constitution.

Dès lors, les lois organiques du 3 août 2009 et du 7 décembre 2010 ainsi que la loi simple du même jour, ont mis en place cette départementalisation. Le Département de Mayotte sera officiellement créé lors du renouvellement du conseil général en mars 2011.

La loi du 7 décembre 2010 relative au Département de Mayotte a alors entraîné la généralisation de l'identité législative, par un passage progressif au droit commun.

Le chemin à parcourir était immense. Commencé dès les années 2000, il touchait au plus profond de l'identité mahoraise. Ainsi, l'abrogation du statut civil de droit local, reposant sur le droit musulman et autorisant la polygamie fut entamée dès 2003 et achevée seulement en 2010. Il en fut de même pour les juges locaux, les cadis musulmans.

Pourtant, en devenant un département d'Outre-mer, Mayotte est régie par l'article 73 de la Constitution de 1958, dont l'alinéa 1er dispose : « *Dans les départements et régions d'outre-mer, les lois et règlements sont applicables de plein droit. Ils peuvent faire l'objet d'adaptations tenant aux caractéristiques et contraintes particulières de ces collectivités* ».

3. Les institutions mahoraises

3.1. Le Conseil départemental

Mayotte est donc dotée d'un conseil départemental de 19 membres élus pour six ans au scrutin uninominal majoritaire à deux tours et renouvelables par moitié, tous les trois ans.

Le président du conseil départemental est élu pour trois ans, à la majorité absolue des voix. Il est le chef de l'exécutif du Département et met en œuvre les délibérations du Conseil.

Le conseil départemental est doté d'une commission permanente et de six commissions spécialisées, couvrant les différents domaines de ses compétences.

3.2. Le CESEM et le CCEEM

Mayotte est également dotée de deux institutions consultatives :

- Le Conseil économique, social et environnemental (CESEM) qui couvre l'ensemble des champs d'intervention du Département de Mayotte ;
- Le Conseil de la culture, de l'environnement et de l'éducation (CCEEM). Il est obligatoirement consulté lors de la préparation du plan d'aménagement et de développement durable de Mayotte et lors de l'élaboration du projet de budget de la collectivité, en ce qui concerne son champ de compétences.

3.3. Les compétences du Conseil départemental

En fait le Conseil départemental cumule les compétences d'un conseil départemental et d'un conseil régional métropolitains.

La loi du 7 décembre 2010 liste ainsi les domaines de la solidarité, des routes départementales, de l'économie, des secours et incendie, de la culture, notamment les archives départementales et l'inventaire général du patrimoine culturel, le cadre de vie et le développement durable avec l'élaboration d'un schéma régional d'aménagement et de développement du territoire (SRADT).

De plus, depuis 2014, le conseil départemental est devenu compétent en matière d'éducation, avec la construction, l'équipement et le fonctionnement des collèges et des lycées., la gestion et le recrutement des personnels ATOS.

Loin d'être la panacée rêvée, cette « *Départementalisation* » inaboutie a fait naître bien des frustrations et des déceptions[3].

Pourtant, en début d'année 2022, un projet de loi « *pour un développement accéléré de Mayotte* » comportant un volet de modernisation du conseil départemental et des institutions et allant vers la collectivité unique, a été reporté sine die après son rejet, à l'unanimité, par le conseil départemental lors de la consultation mise en place.

---

[3] Lire sur le sujet « Mayotte Française, quoi qu'il en coûte » dans Le Monde 4-5-6 avril 2011

CHAPITRE V

La « COMisation »

Outre la Polynésie française et Wallis et Futuna, l'article 72-3 liste trois autres collectivités relevant de l'article 74 de la Constitution, définissant les collectivités d'Outre-mer :

- Saint-Barthélemy
- Saint-Martin
- Saint-Pierre-et-Miquelon

L'article 74 dispose que « *Les collectivités d'outre-mer régies par le présent article ont un statut qui tient compte des intérêts propres de chacune d'elles au sein de la République.*

Ce statut est défini par une loi organique, adoptée après avis de l'assemblée délibérante, qui fixe :

- *les conditions dans lesquelles les lois et règlements y sont applicables ;*
- *les compétences de cette collectivité ; sous réserve de celles déjà exercées par elle, le transfert de compétences de l'État ne peut porter sur les matières énumérées au quatrième alinéa de l'article 73, précisées et complétées, le cas échéant, par la loi organique ;*
- *les règles d'organisation et de fonctionnement des institutions de la collectivité et le régime électoral de son assemblée délibérante ;*

– *les conditions dans lesquelles ses institutions sont consultées sur les projets et propositions de loi et les projets d'ordonnance ou de décret comportant des dispositions particulières à la collectivité, ainsi que sur la ratification ou l'approbation d'engagements internationaux conclus dans les matières relevant de sa compétence... ».*

La « *comisation* » de ces trois collectivités relèvent pourtant de cheminements différents. St Pierre et Miquelon passe ainsi du statut de département d'Outre-mer à celui de collectivité d'Outre-mer tandis que St Barthélémy et St Martin, communes relevant précédemment du département de la Guadeloupe, vont s'en détacher pour accéder à l'autonomie en tant que COM.

1. St Pierre et Miquelon

Rattaché définitivement à la France au début du XIXème siècle, l'archipel se situe à moins de 20 kms de Terre Neuve (Canada) mais à deux heures et demie de vol de Montréal. D'une superficie de 242 kms^2, il est composé de deux îles habitées tout au long de l'année (Saint-Pierre, 5430 habitants et Miquelon, 627 habitants) pour une densité de 26h/kms^2 et de six îlots dont l'Ile aux marins, habitée jusqu'à la fin des années 1960.

Les deux îles habitées ont le statut de communes. Celle de Miquelon est constituée de deux villages Miquelon et Langlade, reliés entre eux par un isthme de sable d'environ 12 kms de long et pouvant se limiter à certains endroits à moins de 50 m de large.

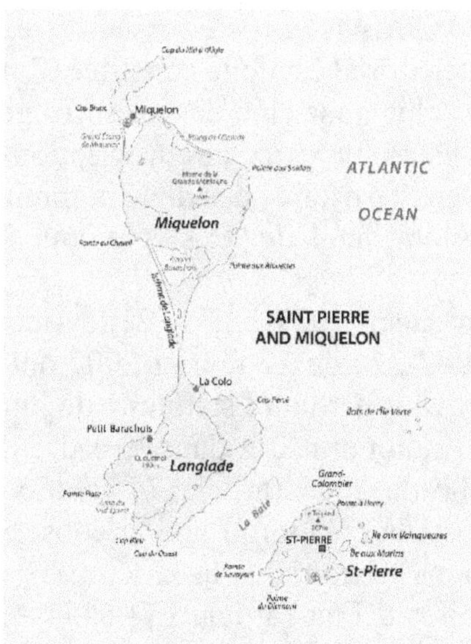

Source : iStock (Rainer Lesniewski)

Depuis la Libération, l'archipel a connu de très nombreuses évolutions statutaires mais ses compétences restent mal définies.

1.1. Une très grande instabilité statutaire

En 1946, Saint-Pierre-et-Miquelon accède au statut de territoire d'Outre-mer au titre de l'article 74 de la Constitution de 1946.

En 1958, l'archipel demeure un territoire d'Outre-mer mais en 1976, il devient département d'Outre-mer (article 73 de la Constitution), avec deux communes St Pierre et Miquelon-Langlade.

En raison des difficultés de mise en œuvre de la départementalisation, une loi du 11 juin 1985 transforme le département de Saint-Pierre-et-Miquelon en « *Collectivité territoriale à statut particulier* ». Cette loi augmente le nombre de conseillers (de 13 à 19), dote la collectivité d'un comité économique et social (composé de 17 membres) et d'une chambre d'agriculture, de commerce, d'industrie et des métiers (CACIMA).

Le Conseil territorial est donc constitué d'une assemblée de 19 membres élus pour cinq ans au suffrage universel et au scrutin de liste, sur deux circonscriptions électorales, correspondant aux territoires des deux communes de Saint-Pierre et Miquelon-Langlade (15 sièges pour Saint Pierre et 4 pour Miquelon).

La loi organique n° 2007-223 du 21 février 2007 et la loi ordinaire n° 2007-224 du 21 février 2007 ont confirmé les orientations prévues par la loi statutaire de juin 1985.

Ce nouveau statut s'inscrit dans le cadre de la révision constitutionnelle de 2003 (article 74-création des COM). Elle prévoit aussi la création d'une circonscription unique pour les élections territoriales et la « *mise à disposition* » des fonctionnaires d'Etat (article LO 6454-1), notamment pour la préparation et l'exécution des délibérations du conseil territorial.

Depuis le 1er janvier 2008, le régime législatif et réglementaire de Saint-Pierre-et-Miquelon est donc régi par l'article LO 6413-1 du Code général des collectivités territoriales. En vertu de cet article, « *les dispositions législatives et réglementaires sont applicables de plein droit à Saint-Pierre-et-Miquelon, à l'exception de celles qui interviennent dans les matières relevant de la loi organique en application de l'article 74 de la Constitution ou dans l'une des matières relevant de la compétence de la collectivité en application du II de l'article L.O. 6414-1* ».

Pour autant, la situation statutaire de l'archipel est encore mouvante. Suite à un rapport d'information de février 2011 des sénateurs Christian Cointat et Bernard Frimat, sur l'adéquation de l'organisation institutionnelle et administrative, ceux-ci concluaient, au vu des difficultés rencontrées notamment en termes de capacité normative et de mobilisation des compétences techniques, à la nécessité de revoir l'organisation institutionnelle.

En 2014, les élus de la collectivité territoriale (moins quatre abstentions), tout en réaffirmant leur attachement au statut issu de la réforme de 2007, se prononçaient en faveur d'une expertise juridique de la répartition des compétences entre collectivités ainsi qu'entre elles et l'Etat (délibération du 19 décembre 2014).

En 2015, M. Laurent Olléon, conseiller d'État, était chargé par la ministre des Outre-mer d'une mission pour dresser un état lieux des difficultés que soulèvent les incertitudes législatives et réglementaires entourant le périmètre des compétences des collectivités territoriales et de l'État. La nature de cette mission était dès le départ, contestée par la majorité des élus de la collectivité territoriale craignant des modifications statutaires. Le rapport « *Olléon* », intitulé « *Saint-Pierre-et-Miquelon à l'heure de la collectivité unique* », fut remis à la ministre en décembre 2015. Il identifiait les difficultés rencontrées localement dans l'application du statut et présentait les avantages d'une collectivité unique dans l'archipel., regroupant la collectivité existante et les deux communes.

Par courrier du 18 février 2016, les deux parlementaires de l'archipel saisissaient la ministre d'une demande d'appui technique du conseil des élus, instance de concertation informelle des représentants des principales institutions de l'archipel. Répondant à cette demande, la ministre des Outre-mer missionnait en mars 2016 un groupe de travail composé de personnalités locales qui dans son rapport déposé en mai 2016, proposait un changement de statut, avec deux schémas institutionnels :

- La transformation de la collectivité territoriale de Saint-Pierre-et-Miquelon en une collectivité dirigée par un congrès territorial issu des deux conseils municipaux de Saint Pierre et de Miquelon-Langlade, tout en demeurant sous l'égide de l'article 74 de la Constitution ;
- La création à Saint-Pierre-et-Miquelon d'une collectivité unique exerçant les compétences dévolues aux communes, au département et à la région, tout en demeurant régie sous l'égide de l'article 74 de la Constitution.

Au vu de ce rapport, la ministre des Outre-mer saisissait les élus locaux d'un projet de décret organisant une consultation des électeurs de Saint-Pierre-et-Miquelon sur l'évolution statutaire de l'archipel. Si cette démarche recevait l'assentiment d'un certain nombre d'élus, la collectivité territoriale s'y opposait cependant fermement (délibération du 27 mai 2016 votée par 15 voix contre 4). Faute d'accord entre les élus, la ministre des Outre-mer décidait en juillet 2016 de suspendre la consultation électorale initialement prévue pour le 18 septembre de la même année.

Ainsi après de nombreux changements statutaires et soubresauts, le statut issu des lois organique et ordinaire de février 2007 est toujours en vigueur. Aujourd'hui, Saint-Pierre-et-Miquelon demeure une collectivité d'Outre-Mer régie par l'article 74 de la Constitution.

La loi organique n° 2007-223 du 21 février 2007 et la loi ordinaire n° 2007-224 du 21 février 2007 ont doté l'archipel d'un statut spécifique. Elles ont confirmé les compétences propres du territoire prévues par la loi statutaire n° 85-595 du 11 juin 1985 qui l'avait fait passer du statut de DOM à celui de collectivité d'outre-mer à statut particulier.

En tant que collectivité d'outre-mer, Saint-Pierre-et-Miquelon fait également partie des « *pays et territoires d'outre-mer* » (PTOM) associés à l'Europe. Ainsi, tout en étant pleinement français, tout en ayant comme monnaie l'Euro, et même, tout en votant aux élections européennes, l'archipel ne fait pas statutairement partie de l'Union européenne et n'applique qu'une partie du droit communautaire.

Néanmoins le statut de PTOM, comparé au statut de région ultra – périphérique (RUP) dont bénéficient notamment les DROMs, exclut Saint-Pierre-et-Miquelon de nombreuses opportunités financières liées, d'une part, aux fonds structurels des politiques communes européennes et, d'autre part, aux dispositifs spécifiques destinés aux RUP pour compenser leur isolement.

Pour autant, le passage au statut de RUP ne garantirait pas que le territoire soit nécessairement mieux doté, compte tenu de la faiblesse du volume de population, d'un niveau de PIB relativement élevé et d'un taux de chômage comparable à celui de la métropole.

En outre, si Saint-Pierre-et-Miquelon devenait RUP, le territoire perdrait une partie de son autonomie en matière fiscale et douanière. Il ne pourrait maintenir ses taxes à l'importation, lesquelles assurent une part importante de ses recettes, et devrait obtenir l'autorisation d'instituer un octroi de mer ou équivalent.

1.2. Des compétences enchevêtrées

Sur un territoire de 6 300 habitants et d'une superficie de 242 kms^2, trois institutions (Etat, COM, communes) exercent des compétences mal délimitées.

1.2.1. L'État

L'État, hors les compétences générales qui lui sont dévolues, exerce les missions régaliennes à l'exception de la fiscalité, du régime douanier et du cadastre. Ces missions régaliennes peuvent faire l'objet d'adaptations locales.

1.2.1.1. Missions régaliennes de l'État

En matière monétaire, la Banque de France n'a pas d'établissement à Saint-Pierre-et-Miquelon ; elle a délégué ses missions à l'Institut d'émission des départements d'Outre-mer (IEDOM) qui exerce ses missions au sein de l'euro-système. L'IEDOM, agissant pour le compte et sous l'autorité de la Banque de France et du Trésor, joue ainsi à Saint-Pierre-et-Miquelon le rôle d'institut d'émission. À ce titre, il assure la mise en circulation et l'entretien des billets et des pièces sur le territoire.

Les juridictions judiciaires sont conçues en tenant compte de la situation géographique et démographique de l'archipel. Saint-Pierre-et-Miquelon connait deux juridictions judiciaires de premier degré, le tribunal de première instance qui statue à juge unique dans toutes les matières (civiles, commerciales, pénales) et le conseil de prud'hommes, ainsi qu'une juridiction de deuxième degré, le tribunal supérieur d'appel, composé d'un président, magistrat, et de deux assesseurs non professionnels.

Les affaires criminelles relèvent d'un tribunal criminel qui se réunit sous l'autorité du président du tribunal supérieur d'appel, assisté de ses deux assesseurs et du jury composé, en premier ressort, de quatre jurés, et en appel de six jurés.

S'agissant des juridictions administratives, la préfecture héberge également une « antenne » du Tribunal administratif de Fort-de-France.

Enfin, en matière de défense, à Saint-Pierre-et-Miquelon, il est fait application du décret 2005-1514 du 6 décembre 2005 relatif à l'organisation Outre-mer de l'action de l'Etat en mer, dans les eaux sous souveraineté française. Délégué du Gouvernement, le représentant de l'Etat en mer (préfet) est investi d'un pouvoir de police générale. Il a autorité dans tous les domaines où s'exerce l'action de l'Etat en mer, notamment en ce qui concerne la défense des droits souverains et des intérêts de la Nation, le maintien de l'ordre public, la sauvegarde des personnes et des biens, la protection de l'environnement et la coordination de la lutte contre les activités illicites.

En application de ce décret, le préfet de Saint-Pierre-et-Miquelon dispose de toutes les compétences dévolues aux préfets ultramarins. Il est par ailleurs chargé de la coordination des administrations intervenant dans la zone économique exclusive française entourant l'archipel.

La particularité de cette organisation est que le préfet est assisté par le commandant de la zone atlantique (Brest) comme le prévoit l'article 1er du décret. Toutefois, au regard de l'éloignement géographique, le commandant de zone maritime de l'Atlantique déléguait jusqu'en 2013 certains de ses pouvoirs à l'administrateur des affaires maritimes en application de l'article 4 du décret 2005-1514.

1.2.1.2. Autres missions de l'Etat

Il existe plusieurs autres spécificités, hors le champ régalien. On peut notamment citer :

– Dans le domaine de la santé, les compétences dévolues aux agences régionales de santé sont exercées par une « *administration territoriale de santé* » (ATS), placée sous l'autorité du préfet et relevant des ministres chargés de la santé, de l'assurance maladie, des personnes âgées et des personnes handicapées. Le représentant de l'État exerce ainsi les compétences dévolues au directeur général de l'agence régionale de santé.

- Le port de Saint Pierre est un port national aux termes de l'article R 5753-1 du Code des transports, relevant donc de la compétence de l'Etat. A ce titre, l'Etat réalise l'essentiel des infrastructures, qui nécessitent d'importants investissements compte-tenu des conditions climatiques et assure l'entretien courant du port.
- Etant chargé de la gestion du trafic dans l'espace aérien français, le service de l'aviation civile assure également la gestion et l'exploitation de l'aéroport de St Pierre.

1.2.2. Le Conseil territorial

Les transferts de compétences sont intervenus dans le cadre de l'article LO 6414-1 du Code général des collectivités territoriales.

Le Conseil territorial détient les compétences des départements et des régions métropolitaines, à quelques exceptions qui relèvent de l'État, telles l'investissement pour l'enseignement secondaire qui relève de l'État, tandis que le financement des services d'incendie et de secours demeure une compétence communale.

Depuis 1996 en métropole, celui-ci est pourtant du ressort du département (et donc en principe du Conseil territorial).

Ainsi, si la charge de l'enseignement du second degré (lycée-collège) incombe intégralement à l'Etat (y compris le versement des dotations de fonctionnement aux collèges privés), l'enseignement du premier degré relève des communes. Il est ainsi paradoxal que la collectivité territoriale soit quasiment absente de ce secteur

Le code de l'urbanisme ne s'applique pas à Saint-Pierre-et-Miquelon et les communes n'ont pas compétence pour établir des documents d'urbanisme. Compte tenu de la spécificité du statut de l'archipel, l'urbanisme est une compétence exclusive de la collectivité territoriale aux termes de l'article LO 6414-1 du CGCT. Les règles applicables sont celles édictées dans les documents d'urbanisme élaborés par le conseil territorial.

Le règlement d'urbanisme local (RUL) de Saint-Pierre et Miquelon, applicable sur tout le territoire de l'archipel, a été adopté par le conseil territorial par délibération n° 28-85 du 27 juin 1985. La dernière modification de ce règlement a été actée par délibération n° 211-97 du 22 décembre1997 et n'a pas été révisé depuis.

Par ailleurs, si chaque commune est dotée d'un plan d'urbanisme local, ceux-ci sont approuvés par délibération du conseil territorial.

Le conseil territorial détient la compétence en matière de fiscalité. Toutefois, sans préjudice de cette compétence, l'Etat peut instituer des taxes à raison des missions d'intérêt général qui lui incombent. En outre, le conseil territorial exerce la compétence en matière de régime douanier et de logement.

1.2.3. Les communes

Les deux communes ne disposent pas de l'ensemble des pouvoirs de droit commun reconnus par le code général des collectivités territoriales.

L'urbanisme demeure donc une prérogative du conseil territorial. Toutefois, l'article LO 6414-5 du code général des collectivités territoriales prévoit la possibilité de transfert aux maires des deux communes de l'archipel de certaines compétences d'urbanisme du président du conseil territorial, sous réserve du transfert des moyens nécessaires à l'exercice de ces compétences.

Le conseil territorial a ainsi délégué, par arrêtés n° 293 du 28 avril 2009 et 195 du 24 mars 2009, aux deux communes de Saint-Pierre et de Miquelon-Langlade, l'instruction des autorisations individuelles d'occupation du sol et des certificats d'urbanisme, sauf pour ses propres demandes.

Depuis 2009, le maire est donc l'autorité compétente pour accorder les autorisations d'urbanisme individuelles sur le territoire de sa commune. Toutefois, pour les autres autorisations, comme les autorisations de lotir par exemple, la collectivité territoriale conserve cette compétence.

Pour autant, autre particularité du système institutionnel de la collectivité, les missions de services d'incendie et de secours sont exercées par les communes de l'archipel qui en assument le financement.

En matière d'écoles primaires, les communes ont, pour leur part, les mêmes compétences que les communes métropolitaines.

Enfin, la possibilité dont dispose le conseil territorial de créer ou supprimer des ressources fiscales et douanières, l'amène à exercer de fait une situation de quasi-tutelle financière sur les deux communes de l'archipel, ce qui est une source récurrente d'instabilité budgétaire pour ces dernières.

1.3. La convention du 12 décembre 1989

1.3.1. Une convention antérieure au nouveau statut

Pour que la collectivité assume les compétences découlant de son statut, l'article LO 6454-1 du CGCT prévoit que les agents et les services de l'Etat sont mis à la disposition de la collectivité et du président du conseil territorial, de façon permanente et en tant que de besoin, par convention entre l'Etat et la collectivité.

Les conditions de cette mise à disposition demeurent régies par une convention datant du 12 décembre 1989, signée entre le préfet et le président alors du « *Conseil général* » et approuvée par arrêté ministériel du 13 mars 1990

Le suivi de ce dispositif prévoyait notamment que le président du conseil territorial communique chaque année au représentant de l'Etat son appréciation sur le fonctionnement des services de l'Etat mis à sa disposition. De leur côté, les chefs des services de l'Etat mis à la disposition de la collectivité territoriale rendent compte au représentant de l'Etat des activités qu'ils ont exercées pour son compte.

En outre, la convention entre l'Etat et la collectivité prévoit que pour les missions exceptionnelles ou inhabituelles par leur ampleur, un accord préalable doit intervenir entre le président du conseil territorial et le représentant de l'Etat.

Les chefs de services de l'Etat concernés établissent un rapport d'exécution de chacune de ces missions, adressé conjointement au président du conseil territorial et au représentant de l'Etat.

La convention de 1989 vise tous les services de l'Etat. Trois d'entre eux sont particulièrement concernés par ces dispositions, la direction des services fiscaux pour la conception de la politique fiscale, voire la rédaction des arrêtés à contenu fiscal votés par le conseil territorial, la direction des douanes pour la rédaction du code local des douanes (les dispositions du Code national s'appliquant dans les domaines de compétence régalienne du service, telle la lutte contre les fraudes, les stupéfiants, les contrefaçons) et la direction des territoires, de l'alimentation et de la mer (DTAM qui gère le patrimoine de la collectivité territoriale, effectue des missions d'ingénierie technique et lui apporte son aide dans l'exercice de ses compétences techniques.

1.3.2. Une convention obsolète et non évaluée

Cette convention signée entre le préfet et un représentant d'une institution qui n'existe plus (président du Conseil général) est antérieure au statut de 2007. De plus, ses termes ne sont guère respectés.

Ainsi, le rapport du président de la collectivité territoriale prévu par l'article 3§3 de la convention n'a pas été produit pendant de nombreuses années. Seuls les rapports d'activité annuels des services font office de comptes rendus au préfet et au président de la collectivité tels que prévus par l'article 4 §1 et §3.

Enfin le niveau d'intervention des trois services de l'Etat les plus sollicités est peu évalué. Cela va d'une mise à disposition à 100% des services fiscaux à la collectivité territoriale, de l'ordre de 50% pour le service des douanes et difficile à déterminer pour la DTAM, compte tenu de la diversité des missions accomplies.

Cette situation engendre des blocages institutionnels et explique la permanence d'interrogations locales portant sur la répartition des compétences entre collectivités et plus largement sur l'organisation institutionnelle de l'archipel.

Les propositions du rapport Olléon en 2015 comme celles du groupe de travail missionné par la ministre des Outre-mer en 2016 relevaient toutes d'une approche institutionnelle (collectivité unique, congrès territorial issu des deux conseils municipaux). Compte tenu de la position adoptée dès la délibération du conseil territorial du 19 décembre 2019, il n'est guère surprenant que ces propositions n'aient pas prospéré.

Il parait, de plus, difficile de supprimer les communes lorsqu'il y a deux îles. Pour mémoire, dans une autre collectivité d'Outre-mer, également à double insularité, avec une population de l'ordre de 11 500 habitants, trois communes existent à Wallis et Futuna (Uvéa, Sigave, Futuna). Quant à l'argument de la faible population de Miquelon

(657 habitants), faut-il rappeler que 54% des communes de métropole ont moins de 500 habitants.

Les difficultés paraissent donc trouver leur origine bien davantage dans l'absence de clarification dans les transferts de compétences et de moyens que dans des questions institutionnelles.

Car en dehors des compétences enchevêtrées, on peut aussi s'étonner que près de 35 ans après l'accès de Saint-Pierre-et-Miquelon au statut de TOM puis de COM, l'affectation des moyens relève toujours d'une convention obsolète et qu'il n'ait jamais été envisagé de mettre en place une commission consultative d'évaluation des charges (CCEC), comme il en existe dans les autres collectivités d'Outre-mer.

2. St Barthelemy – St Martin

Autrefois regroupées dans l'arrondissement dit des « îles du Nord », Saint-Barthélemy et Saint-Martin se situent toutes deux au nord de l'arc antillais, à distance à peu près équivalente de la Guadeloupe, au Sud (environ 250 kms), et de Porto Rico, à l'Ouest (environ 200 kms). Elles sont distantes l'une de l'autre de 30 kms seulement.

La population de Saint Barthélémy est de l'ordre de 10 000 h sur 24 kms^2, celle de Saint Martin, confrontée à une forte immigration, est de l'ordre de 35 000 h sur 53 kms^2.

Autre particularité à noter concernant Saint Martin, depuis 1839, l'île dont la superficie totale est de 90 kms^2 est scindée en deux, avec une partie néerlandaise, qui par un référendum de 2006 à accéder au statut d'Etat du Royaume des Pays-Bas, et la partie française devenue collectivité d'outre-mer en 2007.

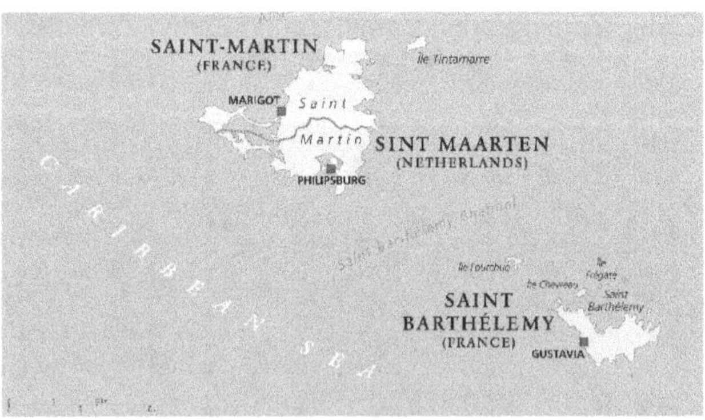

Source : iStock (PeterHermesFurian)

L'aéroport international Princesse – Juliana est situé dans la partie néerlandaise de l'île mais assure aussi la desserte de la partie française. Pour faire face aux difficultés générées par cette situation, la création d'un organe institutionnelle conjoint est envisagée par les deux parties.

Auparavant communes de la Guadeloupe, les deux îles de Saint-Barthélemy et de Saint-Martin (partie française) sont devenues, en juillet 2007, des collectivités d'outre-mer (COM) régies par l'article 74 de la Constitution et exerçant notamment les compétences autrefois dévolues à la municipalité, au département d'outre-mer (DOM) et à la région d'outre-mer (ROM) de Guadeloupe.

Du point de vue du droit communautaire, alors qu'elles faisaient auparavant toutes les deux parties de la région ultrapériphérique (RUP) de Guadeloupe, Saint-Martin et Saint-Barthélemy ont évolué dans des directions différentes, la première devenant une RUP, quand la seconde préférait opter pour le statut de pays et territoire d'outre-mer (PTOM).

Ces deux nouvelles collectivités ont donc réalisé le chemin inverse de Mayotte, qui est passé du statut de COM de l'article 74 de la Constitution à celui de collectivité de l'article 73.

Le rattachement commun à la Guadeloupe au sein de l'arrondissement dit des « *îles du Nord* » avait toujours été vécu comme artificiel par les populations locales.

Progressivement, l'idée que la gestion guadeloupéenne ne tenait pas suffisamment compte des spécificités de ces deux territoires s'est imposée.

La révision constitutionnelle du 17 mars 2003 a ouvert des perspectives nouvelles à ces revendications « *d'autonomie* » par rapport à la Guadeloupe, en introduisant dans l'article 74 des dispositions permettant aux nouvelles « *collectivités d'Outre-mer* » de disposer d'« *un statut qui tient compte des intérêts propres de chacune d'elles au sein de la République* » et intègre les spécificités géographiques, sociales et économiques.

Ce changement de statut a été approuvé par voie de référendum le 7 novembre 2003, avec 76,2 % des suffrages exprimés à Saint-Martin avec une participation de 44,2% et 95,7 % (participation 78,7%) à Saint-Barthélemy.

Ce n'est toutefois que le 15 juillet 2007 que ce nouveau statut est devenu effectif après qu'ait été votée la loi organique n° 2007-223 du 21 février 2007 portant dispositions statutaires et institutionnelles relatives à l'outre-mer.

Ce changement de statut a eu pour conséquences principales la création de collectivités autonomes ne dépendant plus de la Guadeloupe, le transfert de compétences du département et de la région de Guadeloupe, mais aussi de l'État, en particulier en matière fiscale, vers les nouvelles COM et, enfin, le passage à une forme de semi-identité législative, demeurant néanmoins proche de l'identité législative stricte prévalant dans les DROMs.

2.1. Les institutions de St Barthélémy et St Martin

2.1.1. Les institutions locales

Les collectivités territoriales de Saint-Barthélemy et Saint Martin sont régies par un Conseil territorial, un Conseil exécutif ainsi qu'un Conseil économique, social, culturel et environnemental.

Le Conseil territorial de St Barthélémy comprend 19 membres, celui de Saint Martin 23. Ils sont élus pour cinq ans dans le cadre d'une circonscription unique, au scrutin proportionnel de liste à deux tours, avec une prime d'un tiers à la liste arrivée en tête.

Ils ont globalement les mêmes compétences que celles dévolues à un conseil municipal, à un conseil départemental et à un conseil régional. Ils constituent l'assemblée délibérante de la collectivité territoriale.

Le conseil exécutif composé du Président du conseil territorial, de vice-présidents (4 à Saint Martin, 5 à St Barthélémy) et de deux autres conseillers, est élu par le conseil territorial.

Si, à l'expiration du délai d'une heure après l'élection du président du conseil territorial, une seule candidature a été déposée pour chaque poste à pourvoir, les nominations prennent effet immédiatement. Dans le cas contraire l'élection, hors le président, a lieu au scrutin de liste, à la représentation proportionnelle à la plus forte moyenne.

Le Conseil économique, social, culturel et environnemental comprend 15 membres à St Barthélémy et 23 à St Martin, issus de la société civile.

2.1.2. Une représentation de l'Etat spécifique

Les îles de Saint-Barthélemy et de Saint-Martin étaient précédemment regroupées au sein de l'arrondissement dit des « îles du Nord », administré par une sous-préfecture installée à Marigot, à Saint-Martin.

Lors du changement de statut, une réflexion a été ouverte sur la représentation de l'Etat dans ces deux collectivités, qui a abouti à l'adoption de deux décrets, le 24 juillet 2009, établissant une organisation originale :

- le représentant de l'État à Saint-Barthélemy et à Saint-Martin, « *dépositaire de l'autorité de l'État* », représentant « *le Premier ministre et chacun des ministres* » et dirigeant « *les services déconcentrés des administrations civiles de l'État* » dans les deux îles est le préfet de la Guadeloupe ;
- un préfet délégué, basé à Marigot (Saint-Martin), assiste le représentant de l'État dans l'exercice de ses missions dans les deux îles ; le décret n° 2009-906 prévoit qu'il remplit également les missions de « *sous-préfet d'arrondissement* », alors même que l'arrondissement des « *îles du Nord* » n'existe plus depuis 2007, ce qui ne laisse pas d'interroger.

Le décret n° 2009-906 dispose également que le représentant de l'État peut donner une délégation de signature « *dans toutes les matières* » au préfet délégué ou au secrétaire général, ainsi que « *pour prendre toute décision nécessitée par une situation d'urgence* », ce qui conduit, là encore, à s'interroger sur la question d'une préfecture de plein exercice pour les deux collectivités, qui sont les deux seules COM à ne pas disposer d'un préfet.

Enfin les îles de St Barthélémy et St Martin constituent une seule circonscription électorale pour l'élection de leur député et de leur sénateur.

2.2. Les compétences de St Barthélémy et St Martin

Les transferts de compétences ont résulté de la loi organique du 21 février 2007 précitée, puis de la loi organique n° 2010-92 du 25 janvier 2010 modifiant le livre III de la sixième partie du code général des collectivités territoriales relatif à Saint-Martin et, enfin, de la loi organique n° 2015-1485 du 17 novembre 2015 portant diverses dispositions relatives à la collectivité de Saint-Barthélemy.

Les deux nouvelles COM outre, l'exercice des compétences anciennement dévolues aux communes, au DROM de Guadeloupe, tels que le développement économique et la formation professionnelle, fixent désormais les règles dans les matières suivantes :

- impôts, droits, taxes et cadastre ;
- urbanisme, construction, habitation et logement ;
- circulation routière et transports routiers ; desserte maritime d'intérêt territorial ; immatriculation des navires ; création, aménagement et exploitations des ports maritimes, à l'exception du régime du travail ;
- voirie, droit domanial et des biens de la collectivité
- accès au travail des étrangers
- énergie
- tourisme
- création et organisation des services et des établissements publics de la collectivité

Saint-Barthélemy exerce de plus la compétence en matière d'environnement, qui n'a, à ce jour, pas été transférée à Saint-Martin. En outre, depuis 2015, Saint-Barthélemy fixe les règles en matière de location de véhicules terrestres à moteur, ainsi qu'en matière de cartes et titres de navigation des navires de plaisance à usage personnel non soumis à francisation.

Toutefois, si la compétence fiscale générale a été transférée de l'État aux COM de Saint-Barthélemy et de Saint-Martin, l'État conserve néanmoins dans les deux îles sa compétence en matière de fixation et de recouvrement des cotisations sociales et des impositions de type cotisation sociale généralisée (CSG) et contribution pour le remboursement de la dette sociale (CRDS). Par ailleurs, l'État reste compétent, en vertu de la loi organique de février 2007, pour fixer, en matière fiscale, « les règles relatives à la recherche, à la constatation et à la répression des infractions pénales ».

De plus, la fiscalité occupant une place centrale dans l'équilibre financier des deux COM, les défis demeurent considérables concernant les opérations d'assiette, de recouvrement et de contrôle.

Les compétences des deux COM sont donc très larges, d'autant qu'elles sont exercées dans chacune des deux îles par une collectivité unique.

Au-delà des compétences relevant précédemment des deux anciennes communes et du DOM de Guadeloupe, les deux COM de Saint-Barthélemy et de Saint-Martin ont reçu des compétences nouvelles transférées par l'État. La compensation des charges ainsi transférées est obligatoire, en application de l'article 72-2 de la Constitution et sous le couvert d'une commission consultative d'évaluation des charges (CCEC).

Pour Saint-Barthélemy, la compensation a été déterminée par l'arrêté du 12 septembre 2011, pour Saint Martin, par celui du 22 avril 2011.

Toutefois ces deux arrêtés ont fait l'objet de recours devant la juridiction administrative et les deux COM ont également déposé en 2014 pour St Barthélémy et 2016 pour St Martin, deux questions prioritaires de constitutionnalité (QPC) qui n'ont cependant pas prospéré devant le Conseil constitutionnel.

Pour autant, la contestation perdure, d'autant que les situations financières des deux collectivités demeurent fragiles.

Si leur positionnement géographique est proche et si elles ont suivi une évolution statutaire identique, les deux nouvelles COM apparaissent néanmoins très différentes et doivent faire face à des enjeux spécifiques, notamment économiques et migratoires.

La connaissance de ces particularismes est tout à fait indispensable à la compréhension des difficultés que rencontrent aujourd'hui les deux COM, soumises de plus à des catastrophes climatiques (passage de l'ouragan Irma).

CHAPITRE VI

L'expectative : La Nouvelle-Calédonie

Placée sous souveraineté française depuis 1853 avec l'objectif d'y fonder une colonie pénitentiaire, la Nouvelle-Calédonie, au cœur de l'Océan Pacifique Sud, est située à 20.000 kms des côtes françaises avec un décalage horaire de plus 9 h en heure d'été et plus 10 en heure d'hiver.

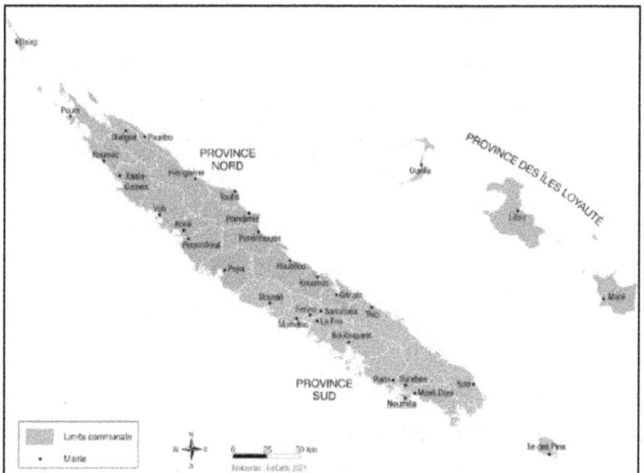

Source : IEOM

La superficie du territoire est de 18 575 kms^2 dont 16750 kms^2 pour l'île principale appelée communément Grande Terre. L'archipel comprend également les îles Loyauté (Lifou, Maré, Ouvéa, Tiga), l'île des pins à l'extrême sud, l'archipel des Bélep au nord, tous accessibles par voie aérienne ou maritime.

En 2021, 271 030 habitants avaient été recensés. La moitié de la population a moins de 30 ans.

L'augmentation de la population reste soutenue, de l'ordre de 10% depuis 2009 mais avec des évolutions contrastées suivant les provinces. Elle croît fortement dans la province Sud, plus modérément dans la province Nord mais décroît en revanche sensiblement dans les Îles Loyauté.

Parallèlement, on assiste néanmoins à un vieillissement de la population, liée au départ ((estimé à près du dixième de la population) d'une part importante des classes d'âge actives.

Pour autant, malgré le nombre croissant de départs de jeunes Calédoniens, notamment pour poursuivre des études supérieures, la Nouvelle-Calédonie est l'un des rares pays de l'Océanie dont le solde migratoire demeure positif.

Trois Calédoniens sur quatre sont nés en Nouvelle-Calédonie et vivent en province Sud et deux sur trois dans la zone urbaine du Grand Nouméa (Nouméa, Dumbéa, Païta et Mont-Dore). Deux sur cinq appartiennent à la communauté kanake.

Sur l'ensemble de la Nouvelle-Calédonie, on compte 33 communes et 8 aires coutumières (Hoot Ma Waap ; Paci-Camuki ; Ajié-Aro ; Xaracuu ; Djubéa-Kaponé ; Nengone ; Dréhu et Iaaï) et 341 tribus.

La Nouvelle-Calédonie connaît un climat semi tropical tempéré tout au long de l'année avec une saison chaude, de septembre à mars, propice au passage des cyclones. Sur un plan sismologique, la proximité de la zone de subduction du Vanuatu implique un risque Tsunami important. Ces deux aléas obligent l'État à une veille constante en matière de sécurité civile et de protection des populations.

La zone économique exclusive couvre 1,4 million de kms² (soit la moitié de la superficie de la mer Méditerranée).

1. Des evolutions institutionnelles tres nombreuses

Bien avant le drame d'Ouvéa en avril 1988, ayant conduit aux Accords Matignon-Oudinot, la Nouvelle Calédonie avait connu de très nombreuses évolutions institutionnelles depuis le milieu du XXe siècle.

La loi cadre du 23 juin 1956, dite « loi Deferre » avait défini une organisation des territoires d'outre-mer autour de trois axes principaux : réorganiser les gouvernements généraux en vue de les transformer en organes de coordination, créer des conseils de gouvernement chargés notamment de l'administration des services territoriaux, étendre les compétences des assemblées locales élues.

Cette loi – cadre fut déclinée, via le décret du 22 juillet 1957, à la Nouvelle Calédonie qui devint un territoire d'outre-mer et se traduisit notamment par la mise en place d'un Conseil de gouvernement dont le Gouverneur assurait la présidence et d'une Assemblée territoriale qui remplaçait le Conseil général existant depuis le décret du 2 avril 1885.

Le statut Jacquinot (Loi du 21 décembre 1963) restreignait à un rôle consultatif, le Conseil de gouvernement et de nouvelles lois limitaient les compétences du territoire, pour l'enseignement secondaire revenant à l'État (Loi du 30 décembre 1965) ou en matière d'investissement et de contrôle de la recherche minière (Lois du 3 janvier 1969).

Puis se sont succédés de nombreux statuts portant à la fois sur le cadre institutionnel et les compétences du territoire :

- Statut Stirn (Loi du 28 décembre 1976) où le Gouverneur devient Haut-commissaire et où le territoire se voit reconnaître une compétence de droit commun
- Statut Lemoine (Loi du 6 avril 1984) où le Conseil de gouvernement devient Gouvernement et qui confirme la compétence de droit commun du territoire dont sont seulement exclues les compétences régaliennes ainsi que le droit du travail, l'enseignement du second cycle secondaire, l'enseignement supérieur, la communication audiovisuelle.
- Statut Pisani (Loi 23 août 1985) où l'Assemblée territoriale devient Congrès et où sont créées des régions qui se voient reconnaître la compétence de droit commun,
- Et enfin les statuts Pons (Lois du 17 juillet 1986 et 22 janvier 1988) redonnant compétence générale au territoire et où le référendum du 13 septembre 1987 confirme à 98,3 % des votants, le maintien dans la République mais avec un taux d'abstention de 40,9 % après l'appel au boycott du FNLKS.

1.1. Les Accords de Matignon-Oudinot et le référendum du 7 novembre 1988

Les tensions politiques qui perduraient depuis le début des années 1980, portées à leur paroxysme en avril 1988, ont pris fin à la signature, par les trois partenaires (État, Rassemblement pour la Calédonie dans la République – RPCR et Front de Libération National Kanak et Socialiste-FLNKS), des Accords de Matignon le 28 juin 1988, et Oudinot le 20 août 1988. Ces accords furent ratifiés par voie de référendum national, le 7 novembre 1988. Le « *Oui* » l'emportait largement mais avec un très faible taux de participation (36,89%).

Conformément à ces accords et aux résultats du référendum du 7 novembre, la loi n°88-1028 du 9 novembre

1988 donnait un nouveau statut transitoire à la Nouvelle-Calédonie. Elle mettait en place un nouvel équilibre institutionnel et organisait, en outre, des mesures d'accompagnement économiques, sociales et culturelles en prévoyant la conclusion de contrats de développement entre l'État et les trois provinces créées, pour favoriser le rééquilibrage du territoire.

Elle confirmait, par ailleurs, la tenue d'une consultation d'autodétermination, avec un corps électoral limité aux seuls néo-calédoniens d'avant 1995.

Pourtant le risque d'un « *référendum-couperet* » pour reprendre l'expression du sénateur Lafleur et les risques encourus en cas de rejet de l'autodétermination, conduisait à un report du vote.

1.2. L'Accord de Nouméa et la loi constitutionnelle n° 98-610 du 20 juillet 1998

C'est dans ce cadre que, dix ans après la signature des accords de Matignon, la volonté de trouver, par la négociation, une solution de compromis, dans laquelle personne ne renierait ses idéaux, restait forte chez les signataires. L'idée d'une solution consensuelle fut alors approuvée par les trois partenaires et donna naissance à l'Accord de Nouméa, signé le 5 mai 1998, définissant pour les vingt ans à venir, « *l'organisation de la Nouvelle – Calédonie et les modalités de son émancipation* ».

Cet accord prévoyait le transfert progressif de toutes les compétences non régaliennes de l'État aux autorités locales, jusqu'à un (ou des) référendums d'autodétermination prévus entre 2014 et 2018. Si par trois fois la réponse devait être négative, « *Les partenaires politiques se réuniront pour examiner la situation ainsi créée* ».

Enfin, le dernier article mettait en place un « *comité des signataires* » chargé du suivi de l'accord. Ce comité s'est réuni 19 fois depuis la signature de l'accord, la dernière en octobre 2019.

La mise en œuvre de l'accord impliquait aussi, le vote d'une loi constitutionnelle, ce qui fut fait en juillet 1998.

La réforme constitutionnelle, adoptée à une très large majorité par le Congrès réuni à Versailles le 6 juillet 1998, rétablissait dans la Constitution un titre XIII désormais intitulé « *Dispositions transitoires relatives à la Nouvelle-Calédonie* ». Il comprend deux articles, 76 et 77.

La Nouvelle-Calédonie ne relève donc plus du droit commun des collectivités territoriales tel que défini au titre XII de la Constitution, mais devient un « *pays* » d'outre-mer.

L'article 76 avait pour objet de permettre l'organisation de la consultation tendant à l'approbation des dispositions de l'accord de Nouméa par un corps électoral restreint, défini par référence à l'article 2 de la loi référendaire du 9 novembre 1988 (corps électoral limité aux seuls néo-calédoniens d'avant 1995). L'accord va être approuvé le 8 novembre 1998 par 71,86% des votants avec une forte participation de74,23%.

L'article 77 intégrait les termes de l'accord sous forme des dispositions constitutionnelles conduisant :

- au caractère irréversible des transferts de compétences, qui implique un dessaisissement du législateur national au fur et à mesure des transferts dont l'échéancier pourra d'ailleurs être modifié par le congrès de la Nouvelle-Calédonie ;
- à la possibilité pour le congrès de la Nouvelle-Calédonie de prendre des actes de nature législative susceptibles d'être soumis au contrôle du Conseil constitutionnel avant leur promulgation, comme les lois votées par le Parlement
- à la reconnaissance d'une citoyenneté propre de la Nouvelle-Calédonie fondant les restrictions apportées au corps électoral pour les élections au Congrès et aux

assemblées de provinces et selon des modalités différentes, pour la consultation sur l'accession à la pleine souveraineté au terme de la période transitoire de quinze à vingt ans ;

- à la possibilité pour la Nouvelle-Calédonie d'adopter des mesures spécifiques pour limiter l'accès à l'emploi local ;
- à la faculté, pour les personnes en ayant perdu le bénéfice, d'accéder à nouveau au statut civil coutumier, par dérogation à l'article 75 de la Constitution.

Il convient de souligner que trois innovations majeures caractérisent le partage de souveraineté mis en place par l'accord de Nouméa :

- L'institution d'une citoyenneté calédonienne (définie par l'exercice du droit de vote aux élections provinciales) ;
- La possibilité reconnue à la Nouvelle-Calédonie d'exercer une certaine forme d'action internationale dans le Pacifique ;
- Le vote des « *lois du pays* » par le Congrès du territoire soumises au contrôle du Conseil Constitutionnel (et non au Conseil d'Etat comme en Polynésie française).

2. L'ORGANISATION POLITIQUE ET ADMINISTRATIVE

Le 19 mars 1999 sont adoptées la loi organique n° 99-909 relative à la Nouvelle-Calédonie et la loi ordinaire n° 99-910. La loi organique comporte dix titres qui, à l'exception de deux d'entre eux, traitent de l'organisation des institutions du « *pays* » et des transferts de compétences entre État, Nouvelle-Calédonie et Provinces.

2.1. Les institutions

2.1.1. Le Haut-commissaire de la République

Le Haut-commissaire de la République représente l'État en Nouvelle-Calédonie et à ce titre est dépositaire des pouvoirs de la République.

Ses pouvoirs sont définis par le décret n° 2007-423 du 23 mars 2007. Il assure ainsi notamment le contrôle administratif des institutions de la Nouvelle-Calédonie (article 2). Il a en charge l'ordre public, la sécurité et la protection des populations (article 3) et est le représentant de l'Etat en mer (article5).

2.1.2. Le Congrès

Le Congrès est l'assemblée délibérante de la Nouvelle-Calédonie. Il est formé de la réunion d'une partie des membres des trois assemblées de province.

Au total, il est composé de 54 membres qui portent le titre de Conseillers de la Nouvelle-Calédonie : 32 membres de la Province sud (59 %), 15 membres de la Province nord (28 %) et 7 membres de la Province des iles (13 %).

Il est compétent pour régler les affaires communes à l'ensemble du territoire. Il définit les réglementations locales et les lois du pays. En effet, selon les accords de Nouméa, « *certaines des délibérations du Congrès du territoire auront valeur législative* », l'exécutif étant chargé de les préparer et de les mettre en œuvre.

2.1.3. Le Gouvernement

L'exécutif de la Nouvelle-Calédonie est assuré par un gouvernement collégial. Ce gouvernement de 5 à 11 membres élus par le Congrès, au scrutin de liste à la représentation proportionnelle, est responsable devant celui-ci.

Il représente donc sensiblement les mêmes tendances politiques que celles du Congrès. Cette organisation originale, calquée sur l'accord de 1998 dit du « *vendredi Saint* » en Irlande du nord, conduit ainsi, majorité et minorité qui se côtoient au sein de l'exécutif, à travailler ensemble. Le gouvernement est présidé par un de ses membres, élu en son sein. Le gouvernement reste normalement en fonction cinq ans, c'est à dire jusqu'à l'expiration du mandat du Congrès.

Le gouvernement est chargé « *collégialement et solidairement des affaires de sa compétence* », le corollaire étant que ses membres ne disposent pas d'attributions individuelles. Chacun d'entre eux est chargé « *d'animer et de contrôler un secteur de l'administration* » qui correspond au domaine d'action qui lui a été confié. Le Haut-commissaire participe de droit aux réunions du gouvernement.

2.1.4. Les provinces

La Nouvelle-Calédonie est divisée en trois provinces, instaurées en novembre 1988 et qui répondent à une volonté d'autonomie dans la gestion de l'archipel :

- la province Sud s'étend de l'extrême sud de la Grande-terre à Poya et à Thio plus au nord et comprend l'île des pins. L'assemblée provinciale siège à Nouméa ;
- la province Nord comprend le grand nord de l'île et l'archipel des Belep. L'assemblée de province se situe à Koné ;
- la province des Iles Loyauté regroupe les îles de Maré, Tiga, Lifou et Ouvéa. Son assemblée se trouve à Wé sur l'île de Lifou.

Chaque Province possède son Assemblée dont les membres sont élus pour cinq ans, au suffrage universel direct. Les provinces possèdent des compétences de droit commun distinctes de celles de l'État et de la Nouvelle-Calédonie.

2.1.5. Les communes

Il existe 33 communes en Nouvelle-Calédonie dont les actes sont soumis au contrôle a posteriori depuis l'extension des principaux acquis des lois de décentralisation (loi du 29 décembre 1990).

Ce sont des collectivités territoriales qui ont leur propre budget et s'administrent librement.

2.1.6. Les institutions consultatives

2.1.6.1. Le Sénat Coutumier

Il existe en Nouvelle-Calédonie huit aires coutumières. Le Sénat Coutumier est l'assemblée des différents conseils coutumiers du pays kanak.

Il est saisi des projets et propositions de loi du « *pays* » ou de délibérations relatives à l'identité kanak.

2.1.6.2. Le Conseil économique, social et environnemental

Composé de socio-professionnels, le Conseil économique, social et environnemental est consulté sur les projets et propositions de loi du « *pays* » et de délibérations du Congrès de la Nouvelle-Calédonie, dans le périmètre de ses compétences.

3. LES COMPETENCES

La répartition des compétences entre l'État, la Nouvelle-Calédonie, les provinces et les communes procède, aux termes de la loi organique n° 99-209 du 19 mars 1999 modifiée par la loi organique n°2009-969 du 3 août 2009, de celle organisée par la loi référendaire du 9 novembre 1988.

La loi organique répartit les compétences de l'État entre des compétences exclusives, non transférables jusqu'au choix éventuel de l'autodétermination (article 21-1), des compétences propres à la Nouvelle Calédonie (article 22), des compétences partagées avec la Nouvelle-Calédonie selon des modalités diverses (article 21-2), et des compétences provisoires exercées par l'État (article 21-3) jusqu'à leur transfert à la Nouvelle-Calédonie, à compter de 2004 ou 2009 (article 26) ou à partir de 2009, si le congrès en exprime le souhait (article 27) et pour les établissements publics de l'État (article 23) .

L'élément le plus novateur de l'Accord de Nouméa consiste dans le caractère réputé « *irréversible*" de ces transferts de compétence de l'État aux collectivités publiques locales, de sorte que le législateur ne saurait revenir sur celui-ci par la voie d'une loi organique. Seul le pouvoir constituant pouvant, au terme d'une révision constitutionnelle, mettre fin à cette irréversibilité : « *Tant que les consultations n'auront pas abouti à la nouvelle organisation politique proposée, l'organisation politique mise en place par l'accord de 1998 restera en vigueur, à son dernier stade d'évolution, sans possibilité de retour en arrière, cette "irréversibilité" étant constitutionnellement garantie* ». Ce dispositif avait été repris, lors de la révision constitutionnelle de juillet 1998, à l'article 77 de la Constitution.

3.1. Les compétences des provinces

Tout d'abord, au terme de l'article 20 de la loi organique de 1999, reprenant l'article 7 de la loi n° 88-1028 du 9 novembre 1988 portant dispositions statutaires et préparatoires à l'autodétermination de la Nouvelle Calédonie en 1998, les provinces conservent leur compétence de droit commun elles sont compétentes dans toutes les matières qui ne sont pas dévolues à l'État ou à la Nouvelle-Calédonie par la loi organique ou aux communes par la législation applicable en Nouvelle-Calédonie.

Toutefois, le centre de gravité politique tend à se déplacer vers la Nouvelle Calédonie via les lois du « *pays* » et les nombreux transferts de compétence de l'État au profit de la Nouvelle Calédonie. Le schéma d'organisation de la loi organique reprend, en effet, la technique de transfert progressif de compétences de l'État vers la Nouvelle-Calédonie, au fil des mandats du congrès, dès lors que celui-ci en aura pris la décision.

3.2. Les compétences propres de la Nouvelle-Calédonie

Les compétences de la Nouvelle-Calédonie sont définies à l'article 22 de la loi organique, auxquelles s'ajoutent, au terme de transferts progressifs, certaines compétences jusque-là détenues par l'État.

Cet article 22 couvre un champ très large. Il est à souligner que parmi les 32 domaines énumérés dans l'article 22 de la loi organique, certains sont directement liés aux spécificités du territoire : statut civil coutumier, terres coutumières et palabres coutumiers ou encore limites des aires coutumières, réglementation relative aux hydrocarbures, au nickel, au chrome et au cobalt.

Parmi les autres secteurs concernés, on peut citer notamment la fiscalité, le droit du travail, la santé et protection sociale, la réglementation des prix, la répression des fraudes, la réglementation des marchés publics, le commerce extérieur, les douanes, les postes et télécommunications, les routes, les assurances, le droit de l'urbanisme, l'enseignement primaire (programmes, formation des maîtres, contrôle pédagogique), la météorologie, la fonction publique locale, les établissements publics locaux, la réglementation des professions libérales, des activités sportives et socio-culturelles …

Conformément à l'Accord de Nouméa, la loi organique du 19 mars 1999 relative à la Nouvelle-Calédonie (article 27) définit, par ailleurs, les modalités de transferts futurs d'un certain nombre de compétences ou d'établissements publics de l'État à la Nouvelle-Calédonie. Ces transferts s'accompagnent de celui des services et donnent lieu au versement par l'État d'une compensation financière.

La loi organique du 19 mars 1999 organise ainsi le transfert progressif de diverses compétences de l'État à la Nouvelle-Calédonie.

3.3. Les compétences exclusives de l'État

L'article 21-I de la loi organique du 19 mars 1999 détermine les compétences que l'État ne partage pas avec la Nouvelle-Calédonie et dont le transfert n'est pas prévu, avant une éventuelle accession à la pleine souveraineté.

Pour l'essentiel, il s'agit de compétences régaliennes telles que la nationalité, les garanties des libertés publiques, la justice, la défense, la monnaie, notamment.

3.4. Les compétences partagées

L'article 21-II de la loi organique définit les domaines de compétences partagées entre l'État et la Nouvelle-Calédonie, parmi lesquels certaines compétences régaliennes notamment les relations extérieures, les conditions d'entrée et de séjour des étrangers, le maintien de l'ordre. Ces compétences demeurent des compétences d'État, mais leur exercice fait l'objet d'une consultation, d'une information ou d'une association du gouvernement de la Nouvelle-Calédonie.

Ainsi, par exemple, en matière d'entrée et de séjour des étrangers, l'article 34 de la loi organique prévoit une consultation du gouvernement calédonien relative à l'entrée et au séjour des étrangers ainsi que sur les visas supérieurs à trois mois. L'article 35 stipule que le président du gouvernement est informé par le haut-commissaire des mesures prises en matière de maintien de l'ordre.

Concernant les relations internationales et régionales, l'exercice de cette compétence partagée fait l'objet des innovations les plus importantes. Le cadre juridique des relations extérieures de la Nouvelle Calédonie est fixé par les articles 28 à 33 de la loi organique du 19 mars 1999 mais les engagements internationaux sont toujours conclus au nom de la République française (articles 52 et 53 de la Constitution), même dans les domaines de compétence de la Nouvelle Calédonie, où celle-ci est autorisée à négocier des accords avec des partenaires extérieurs dans le respect des engagements internationaux de la France (article 29 de la LO).

Dans les domaines autres que régaliens, tel que l'audiovisuel, l'article 37 prévoit notamment la signature d'une convention entre le Conseil Supérieur de l'Audiovisuel et le gouvernement de la Nouvelle-Calédonie. Celle–ci a été conclue à Paris le 22 juin 2004. L'article 38 prévoit les modalités de concertation pour l'enseignement supérieur et la recherche et crée un conseil de la recherche placé auprès du Congrès.

Ces transferts de compétence n'ont cependant pas donné tous les résultats espérés. Ainsi la compétence du contrôle de légalité, envisage à l'article 27 de la loi organique, n'a toujours pas été mise en place.

4. La question du corps electoral et les referendums

Signés en juin et août 1988, les accords de Matignon-Oudinot mettaient fin à une période de troubles en Nouvelle-Calédonie et prévoyaient une période de dix ans consacrés au développement économique, social, culturel et institutionnel avant la tenue d'un référendum d'auto-détermination en 1998.

Dix ans plus tard, l'accord de Nouméa continuait donc sur cc chemin, en créant de nouvelles institutions, en organisant le processus de transfert progressif et irréversible de compétences à la Nouvelle-Calédonie et en poursuivait la revalorisation de la culture kanak (statut coutumier, langues, etc.).

Toutefois, le référendum d'autodétermination était, consensuellement, reporté à 2018 au plus tard, avec la possibilité d'aller jusqu'à trois votes en cas de victoire du « *Non* », au référendum d'autodétermination.

A la suite de cet accord, l'intégration d'un nouvel article 77 dans la Constitution déterminait les modalités de mise en œuvre, en particulier les conditions et les délais dans lesquels les populations intéressées de la Nouvelle-Calédonie devaient être amenées à se prononcer sur l'accession à la pleine souveraineté.

Cet article sera complété par la loi constitutionnelle 2007-237 du 23 février 2007 Il précise que pour la définition du corps électoral aux élections aux assemblées délibérantes de Nouvelle – Calédonie et des provinces, seuls pourraient être électeurs les personnes inscrites sur le tableau arrêté en vue de la consultation du 8 novembre 1998 sur l'accord de Nouméa et justifiant d'une durée de résidence de dix ans en Nouvelle-Calédonie.

La loi organique du 19 mars 1999 disposait, par ailleurs, que cette consultation sur l'accession à la pleine souveraineté devait être organisée au cours du mandat du Congrès de la Nouvelle-Calédonie (2014-2018). En cas de manquement du Congrès, il appartiendrait alors à l'Etat de se substituer pour fixer la date de la consultation.

4.1. La question du corps électoral

La question de la composition du corps électoral pour le référendum est longtemps restée une pierre d'achoppement entre les forces politiques, depuis la signature des accords en 1998.

Selon les termes de l'accord de Nouméa, il s'agit de poser « *les bases d'une citoyenneté de la Nouvelle-Calédonie, permettant au peuple d'origine de constituer avec les hommes et les femmes qui y vivent une communauté humaine affirmant son destin commun* ».

L'accord de Nouméa prévoyait un corps électoral spécifique pour les consultations relatives à l'organisation politique de la Nouvelle-Calédonie. Il s'agissait de limiter le droit de vote des habitants installés trop récemment, afin de contenir la « *colonisation de peuplement* » dénoncée par les indépendantistes.

Cette restriction du corps électoral se fondait sur le processus d'autodétermination en cours. Elle était en fait une concession des indépendantistes aux loyalistes, car au point de départ la revendication était de limiter le suffrage au seul peuple Kanak. Ainsi sur un corps électoral d'environ 220 000 électeurs (liste électorale générale), un peu plus de 30 000 ne peuvent voter au référendum d'autodétermination et au scrutin provincial.

Dans la perspective de la consultation à venir, est alors promulguée, le 5 août 2015, la loi organique relative à la consultation sur l'accession de la Nouvelle-Calédonie à la pleine souveraineté. Le texte concernait notamment le fonctionnement des commissions administratives spéciales, chargées d'établir tant la liste électorale spéciale pour les élections au Congrès et aux assemblées de province que la liste des électeurs admis à participer à la consultation référendaire

Le 2 novembre 2017, le XVIe comité des signataires de l'Accord de Nouméa s'accordait sur la composition du corps électoral.

Trois listes électorales coexistent donc aujourd'hui en Nouvelle – Calédonie :

- la liste spéciale pour la consultation (LESC pour le référendum);
- la liste électorale spéciale pour les provinciales (LESP) pour l'élection des membres des Assemblées de province et du Congrès ;
- la liste électorale générale qui permet de voter aux scrutins nationaux (présidentielle, européennes ou législatives).

Seuls les inscrits sur la liste spéciale pour la consultation peuvent voter au référendum. Sont admis à figurer sur cette liste spéciale, les personnes qui remplissent l'une des huit conditions suivantes (article 218 de la loi organique du 19 mars 1999) :

- « *avoir été admis à participer à la consultation du 8 novembre 1998 :*
- *remplir la condition de dix ans de domicile (sauf interruptions pour raisons familiales, professionnelles ou médicales) requise pour être électeur à la consultation du 8 novembre 1998 ;*
- *avoir eu le statut civil coutumier ou, nés en Nouvelle-Calédonie, y avoir eu le centre de ses intérêts matériels et moraux ;*
- *avoir l'un de ses parents né en Nouvelle–Calédonie et y avoir le centre de ses intérêts matériels et moraux ;*
- *pouvoir justifier d'une durée de 20 ans de domicile continu en Nouvelle-Calédonie à la date de la consultation et au plus tard le 31 décembre 2014 ;*
- *être nés avant le 1er janvier 1989 et avoir eu son domicile en Nouvelle-Calédonie de 1988 à 1998 ;*

- *être nés à compter du 1er janvier 1989 et avoir atteint l'âge de la majorité à la date de la consultation et avoir eu un de ses parents qui satisfaisait aux conditions pour participer à la consultation du 8 novembre 1998* ».

Le 19 mars 2018, le Congrès de la Nouvelle-Calédonie adoptait une délibération fixant la date du premier référendum d'autodétermination au 4 novembre 2018. La loi organique n° 2018-280 du 19 avril relative à l'organisation de la consultation sur l'accession à la pleine souveraineté de la Nouvelle – Calédonie prenait un certain nombre de dispositions pour faciliter la participation au scrutin d'électeurs d'îles éloignées résidant sur la Grande terre et pouvant aussi aller jusqu'à l'inscription d'office de certains électeurs potentiels.

4.2. Les trois référendums successifs

Conformément aux accords de Matignon et Nouméa, la Nouvelle-Calédonie allait avoir à se prononcer, par trois fois, sur l'indépendance et la pleine souveraineté du territoire

4.2.1. Le Référendum du 4 novembre 2018

En effet, lors de ce premier référendum, à la question « *Voulez-vous que la Nouvelle-Calédonie accède à la pleine souveraineté et devienne indépendante* ? », le « *Non* » l'emportait mais avec un résultat bien plus serré que prévu.

Résultats du référendum du 4 novembre 2018

Inscrits : 174 165
Votants : 141 099 (81,03%)
Bulletins blancs : 1 023
Bulletins nuls : 1 143
Suffrages exprimés : 138 933

Ont obtenu :
OUI : 60 199 (43,32%)
NON : 78 734 (56.68%)

Source : *Journal officiel* du 7 novembre 2018

La loi prévoyait, en cas de victoire du « *Non* », un mécanisme où le tiers des membres du Congrès de la Nouvelle-Calédonie pouvait demander l'organisation de deux nouvelles consultations dans les deux et quatre ans après le premier référendum.

Les électeurs de Nouvelle-Calédonie ont donc eu à se prononcer une deuxième fois sur l'accession à la pleine souveraineté de la Nouvelle-Calédonie.

4.2.2. Le Référendum du 4 octobre 2020

Initialement fixée au 6 septembre 2020, la date du deuxième référendum d'autodétermination devait être repoussée suite de la crise sanitaire liée au COVID-19. Le décret de convocation des électeurs du 24 juin 2020 fixait la date du référendum au 4 octobre 2020 et établissait les modalités d'organisation du scrutin.

Le décret n° 2020-776 du 24 juin 2020 précisait que le régime de procurations spécifiques et la mise en place de lieux de vote délocalisés à Nouméa pour les électeurs de la province des îles devaient être reconduits avec quelques améliorations de procédure, souhaitées par le XIXe comité des signataires de l'Accord de Nouméa.

Ces dispositions avaient fait l'objet d'une actualisation avec le décret n° 2020-127 du 14 février 2020 afin de déterminer, d'une part, les modalités dérogatoires de vote par procuration et, d'autre part, les modalités du vote à Nouméa pour les électeurs des communes insulaires, dans le cadre de la consultation sur l'accession de la Nouvelle-Calédonie à la pleine souveraineté prévue en 2020.

La question posée aux électeurs était la même qu'en 2018. Les résultats montraient une sensible progression du vote en faveur de l'indépendance.

Résultats du référendum du 4 octobre 2020

Inscrits : 180 799
Votants : 154 918 (85,69%)
Bulletins blancs : 855.
Bulletins nuls : 1 027.
Suffrages exprimés : 153 036.

Ont obtenu :
OUI : 81 503 (46,74%)
NON : 71 533 (53,26%)

Source : *Journal officiel* du 8 octobre 2020

Après cette nouvelle victoire du « *Non* » au deuxième référendum la consultation de 2020, après celle de 2018, allait donc être suivie d'une troisième consultation sur l'accession à la pleine souveraineté de la Nouvelle-Calédonie.

4.2.3. Le Référendum du 12 décembre 2021

Ce troisième référendum allait être marqué par une très forte abstention, liée et au refus de report du scrutin de la part du gouvernement et du camp loyaliste, provoquant l'appel au boycott du camp indépendantiste attaché à la coutume kanak du deuil, en pleine période de COVID 19.

Pour eux, ce référendum ne correspondait ni à l'esprit, ni à la lettre de l'Accord de Nouméa.

Les résultats du scrutin pour la consultation sur l'accession à la pleine souveraineté de la Nouvelle-Calédonie, auquel il a été procédé le 12 décembre 2021, furent donc sans équivoque mais sans réelle portée politique :

Résultats du référendum du 12 décembre 2021

Inscrits : 180 799
Votants : 80 881 dont 7320 par procuration (43, 87%)
Bulletins blancs : 1153
Bulletins nuls : 1 261
Suffrages exprimés : 78 467

Ont obtenu :
OUI : 2 747 (3,50%)
NON : 75 720 (96,50%)

Source : *Journal officiel* du 8 octobre 2020

Ces résultats n'étaient pas sans rappeler ceux du 13 septembre 1987 (six mois avant Ouvéa) et ses 98,3% de « *Oui* » avec ses … 40,9% d'abstentions.

Ce qui est frappant, c'est d'observer que sur les deux premiers référendums, la participation est très élevée (jusqu'à plus de 85% pour le second) et que les résultats épousent sensiblement le rapport de force des populations présentes sur le territoire, les Kanaks ne représentant en 2019 que 41% de la population globale. On peut y ajouter qu'aucune alternance n'a eu lieu dans les scrutins provinciaux, démontrant là encore le caractère communautaire du vote.

Face à ces trois réponses successives négatives, on se retrouve donc dans le cas de figure envisagé dans l'Accord de Nouméa qui prévoyait alors que « *Les partenaires politiques se réuniront pour examiner la situation ainsi créée* ».

L'Accord de Nouméa avait une vocation transitoire mais aucune date butoir n'était donnée. Après les trois référendums et dès lors que le troisième n'a pas été juridiquement annulé en dépit des recours, le processus enclenché par cet accord est juridiquement clos mais la question politique reste ouverte d'autant que la question du dégel du corps électoral risque aussi de ressurgir et qu'il peut constituer un casus-belli.

Cependant les conditions de tenue de ce dernier scrutin n'ont pas contribué à fluidifier les relations entre les partenaires. De même, l'intervention de l'Etat, via les déclarations en juin 2021 du Ministre des Outre-mer, avant même la tenue du scrutin, sur les principes et le calendrier de nouvelles négociations, n'a guère été appréciée par les indépendantistes. Enfin, la nomination au gouvernement en juillet 2022, de la présidente de l'Assemblée de la Province Sud rendait difficile la reconnaissance de la neutralité de l'Etat dans le processus, d'autant qu'elle n'avait pas démissionné de ses fonctions exécutives locales, contrairement aux usages. Elle devra néanmoins démissionner du gouvernement après sa défaite aux élections sénatoriales de septembre 2023.

Il n'est pas étonnant que dans ce cadre, aucun comité des signataires ne se soit tenu depuis celui d'octobre 2019 et que celui envisagé par l'Etat pour septembre 2022 ait fait l'objet d'une fin de non-recevoir par le FNLKS.

Plusieurs fois repoussées, des discussions ont cependant repris avec la tenue à Paris, en octobre 2022, d'une convention des partenaires calédoniens mais en l'absence du FLNKS.

Dès lors, l'éventualité d'un nouveau référendum dit « *de projet* » en 2023 a été abandonnée. Il est probable que peu d'évolutions se produiront avec la fin de la mandature du Congrès en mai 2024 d'autant que, ne pouvant s'appuyer sur l'accord de Nouméa, la base constitutionnelle d'un tel scrutin resterait à préciser et qu'un consensus semble, en l'état difficile à trouver.

Les indépendantistes de l'Union calédonienne, lors de leur comité directeur de janvier 2023, avançaient néanmoins la date du 24 septembre 2023, « *date symbolique des 170 ans de colonisation du pays* » pour parvenir à un accord avec l'Etat « *coûte que coûte* »[4]. Cette date du 24 septembre est aussi devenue en 2004, dans la foulée des accords de Nouméa, « Fête de la Citoyenneté » où toutes les communautés sont invitées à partager leurs us et coutumes et leur vision de l'avenir.

Néanmoins, lors de sa venue en Nouvelle-Calédonie, en juillet 2023, le Président de la République, nonobstant le boycott des indépendantistes, actait la validité de ce troisième référendum et appelait à bâtir un nouveau projet, celui de la « *Nouvelle-Calédonie dans la République* » : « *La Nouvelle-Calédonie est française parce qu'elle a choisi de rester française* ».

Il a, par ailleurs, déclaré vouloir qu'une révision constitutionnelle, sur la base d'un consensus, puisse intervenir début 2024 sur l'avenir de l'archipel, avant la tenue des élections provinciales pour revenir, entre autres, sur le gel du corps électoral.

Pour autant le chef de l'Etat s'est, à nouveau, trouvé confronté à l'absence du principal parti indépendantiste, l'Union Calédonienne, lors de la réunion organisée à Nouméa le 25 juillet, qui devait rassembler l'ensemble des composantes du dossier.

Tout en déclarant se maintenir sur la voie du dialogue, le comité directeur de l'Union Calédonienne (indépendantiste) qui s'est tenu le 29 juillet 2023 (soit trois jours après le discours présidentiel) a clairement réaffirmé son refus de prendre part à toutes formes de réunions trilatérales (Etat, Loyalistes, Indépendantistes), notamment concernant le dégel du corps électoral.

---

[4] « *L'Union Calédonienne : un accord avec l'Etat souhaité au 24 septembre 2023* » par Outre-mer la 1ère

Néanmoins, début septembre 2023, les trois parties se retrouvaient à Paris et des réunions à trois (le vocable « *trilatérale* » étant récusé par les indépendantistes qui le réserve à la négociation) pouvaient se tenir tant au ministère de l'intérieur et des outre-mer qu'à Matignon et à l'Elysée, ce qui ne s'était pas produit depuis 2019.

Au terme de ces discussions, le ministre de l'Intérieur et des outre-mer proposait un projet prévoyant une modernisation des institutions de la Nouvelle – Calédonie[5].

Ce projet réaffirme le maintien de la Nouvelle-Calédonie dans la République française, tout en respectant les termes de l'accord de Nouméa de 1998 actant notamment une citoyenneté néo-calédonienne dans la citoyenneté française. Il prévoit également des changements dans la répartition des compétences entre les trois provinces et le gouvernement calédonien, un dégel du corps électoral dans la perspective des élections provinciales initialement prévues en mai 2024. Enfin le document réaffirme le droit à l'autodétermination mais sans fixer de date butoir et en renvoyant la rédaction du texte aux néo-calédoniens. Ce texte devrait recevoir l'aval des deux tiers du Congrès, avant qu'il ne soit soumis à l'ensemble de la population.

Sur ces bases, le ministre de l'Intérieur et des outre-mer envisageait un calendrier où un point d'étape devrait être fait à la mi-octobre, actant les éléments d'accord et de désaccord en vue d'aboutir à un document finalisé (soit sur le seul dégel du corps électoral, soit sur l'intégralité de la réforme politico-administrative) pour fin octobre.

La réforme constitutionnelle nécessaire interviendrait alors en février-mars 2024 et serait suivie d'un référendum de projet, d'une loi organique à faire adopter par le Parlement pour des élections provinciales décalées à la fin 2024.

---

[5] Interview du ministre de l'intérieur et des outre-mer dans le journal « *Le Monde* » des 10 et 11 septembre 2023.

Ce calendrier resserré peut néanmoins se trouver confronté à un certain nombre d'obstacles, tant sur le sujet sensible du dégel du corps électoral que sur celui du droit à l'autodétermination. De plus il risque de percuter le calendrier propre du FNLKS avec le congrès de l'Union Calédonienne, sa principale composante, fixé aux 9-12 novembre 2023, qui devrait avaliser toute évolution.

D'ailleurs dans un communiqué du 14 septembre, l'Union Calédonienne, tout en récusant à nouveau que des « *trilatérales* » aient pu se tenir à Paris, jugeait le document remis aux délégations « *irrecevable* » et précisait qu'elle ne comptait pas rencontrer les représentants de l'Etat, avant la tenue de son congrès.

Et en réponse à une question du nouveau sénateur indépendantiste kanak Robert Xovie le 12 octobre 2023, la Première Ministre déclarait vouloir trouver un accord « *d'ici la fin de l'anné*e », décalant déjà, de fait, son calendrier. Elle reprochait aussi à l'Union Calédonienne d'avoir suspendu sa participation aux négociations. Une semaine plus tard, en réponse au député du groupe « *Renaissance* » Nicolas Metzdorf, elle répondait que le « *moment venu, le gouvernement présentera un projet de révision constitutionnelle* ».

Dans le cadre d'un déjeuner organisé à l'Elysée, le 20 octobre 2023, réunissant une soixantaine d'élus ultramarins, le Président de la République rappelait la position prioritaire de la Nouvelle -Calédonie dans les discussions sur les évolutions institutionnelles des Outre-mer. Toutefois, lors de ce même déjeuner, était également annoncé le report à fin novembre 2023 du déplacement du ministre de l'Intérieur et des Outre-mer en Nouvelle - Calédonie. Au 31 octobre 2023, la situation apparaissait donc toujours aussi incertaine.

Ainsi, 35 ans après les Accords de Matignon, 25 ans après ceux de Nouméa, et même si les tensions ont pu être contenues, l'avenir institutionnel de la Nouvelle-Calédonie demeure donc dans l'expectative.

Et la Nouvelle-Calédonie continue de figurer sur la liste des 17 territoires considérés comme non autonomes par l'Assemblée générale des Nation unies. Le 12 juin 2023, le FNLKS a ainsi confirmé à l'ONU qu'il désirait saisir le Cour Internationale de Justice, pour lui demander de trancher si le droit à l'autodétermination des Calédoniens avait été bafoué par la tenue du scrutin référendaire du 12 décembre 2021.

CONCLUSION

Les Outre-mer

Reliquats de l'empire colonial, ces « *confettis* » d'Outre-mer permettent à la France d'être présente sur tous les océans du globe.

Si les Outre-mer ne pèsent qu'un peu plus de 4% de la population française (de l'ordre de 2 700 000 habitants), la « *zone économique exclusive* » qui en résulte, représente environ trente fois celle du territoire métropolitain. L'importance stratégique, économique et écologique de ces territoires ultramarins est donc majeure. Avec 22 680 kms de frontières maritimes, la France constitue le deuxième espace maritime mondial après les Etats-Unis.

Forts de leur identité historique et culturelle, ils relèvent de la République avec une diversité de statuts qui déterminent leur niveau d'intégration à la communauté nationale et européenne. La très grande diversité de leur positionnement justifie donc pleinement le pluriel des Outre-mer.

Dès le milieu des années 1970, la classification dualiste DOM-TOM est contournée par la multiplication de statuts particuliers (Mayotte en 1976, Saint-Pierre-et-Miquelon en 1985, Nouvelle-Calédonie depuis 1985, Polynésie française), en plus de ceux déjà existant (TAAF, Wallis-et-Futuna).

La clarification apportée par la révision constitutionnelle de 2003 relative à l'organisation décentralisée de la République procède à une réécriture complète des dispositions constitutionnelles relatives à l'Outre-mer et cherche à concilier l'appartenance réaffirmée des Outre-mer à la République avec l'existence de régimes juridiques qui tendent vers une diversification accrue.

La Constitution, en son article 72, redéfinit la classification de l'ensemble des collectivités territoriales :

- Les départements et les régions d'Outre-mer Guadeloupe, Guyane, Martinique, La Réunion, Mayotte relevant de l'article 73 de la Constitution ;
- Les collectivités d'Outre-mer Polynésie française, Saint-Barthélemy, Saint-Martin, Saint-Pierre-et-Miquelon, Wallis-et-Futuna relevant de l'article 74 de la Constitution.

L'article 73 de la Constitution prévoit, par ailleurs, la possibilité de créer une collectivité se substituant à un département et une région d'outre-mer, ou d'instituer une assemblée délibérante unique pour ces deux collectivités (Guyane, Martinique).

Deux territoires continuent néanmoins d'échapper à cette classification :

- Les Terres australes et antarctiques françaises (TAAF) ne relèvent pas de la catégorie des collectivités d'outre-mer. Elles constituent une collectivité *sui generis* dont le statut est défini par la seule loi ordinaire.
- La Nouvelle-Calédonie, consacrée au titre XIII de la Constitution.

Pour autant, la question se pose aujourd'hui de savoir si de nouvelles évolutions ne seraient nécessaires et si on n'arrive pas à une fin de cycle.

Tel est le sens, par exemple, de la déclaration de Fort de France du 16 mai 2021 où les sept présidents d'exécutifs locaux (relevant tous de l'article 73 de la Constitution) appelaient à une nouvelle étape des pays d'Outre-mer au sein de la République.

Le Comité interministériel des Outre-mer (CIOM)[6] qui, après plusieurs reports, s'est finalement tenu le 18 juillet 2023, comporte certes un volet « *Garantir un environnement normatif adapté aux spécificités des Outre-mer* » mais celui-ci n'aborde quasiment pas, hormis pour Mayotte, les questions institutionnelles.

La difficulté à trouver un consensus rend délicate toute initiative, comme l'a démontré le report sine-die du projet de loi sur Mayotte en 2022 (même si le CIOM du 18 juillet 2023 fixe une nouvelle échéance à six mois pour « *une loi dédiée au 101e département de France...qui affirmera le caractère région-département de la collectivité* »).

Suite à ce CIOM, et dans le prolongement de l'Appel de Fort de France, ces élus ultramarins ont adressé au Président de la République, une lettre lui réclamant des rendez-vous annuels, dont le premier fin août 2023 pour veiller à l'application des mesures (au nombre de 72) annoncées le 18 juillet 2023. Ils demandaient, par ailleurs, aux élus de Polynésie, de Nouvelle-Calédonie et deWallis et Futuna, de les rejoindre dans leur démarche.

Ainsi les revendications d'évolution viennent essentiellement des collectivités relevant de l'article 73 de la Constitution, celles régies par l'article 74 semblant plus satisfaites de l'état du droit et souhaitant simplement toujours davantage d'autonomie.

Et plus encore au sein même des collectivités de l'article 73 et parfois, au sein d'une même collectivité de cette catégorie, les avis peuvent être divergents. Ainsi à La

---

6 Comité interministériel des Outre-mer, 18 juillet 2023 - dossier de presse

Réunion, si le conseil régional semble acquis à la remise en cause de l'amendement dit « *Virapoullé* », tel ne semble pas être le cas du conseil départemental.

Qui plus est, certaines évolutions nécessiteraient des révisions constitutionnelles qui, compte-tenu de la configuration politique actuelle, paraissent difficiles voire impossibles.

Pourtant dans un discours prononcé le 4 octobre 2023 à l'occasion du 65ème anniversaire de la Constitution, le Président de la République déclarait : « *L'ensemble de nos Outre-mer doivent pouvoir être mieux reconnus dans la Constitution* ».

Lors du déjeuner précité avec les élus ultra-marins, tout en réaffirmant la priorité donnée à la Nouvelle -Calédonie, il annonçait la nomination à venir dans les plus brefs délais, de deux experts pour faire le point sur l'avancement des différents projets d'évolutions statutaires des autres Outre-mer, leurs conclusions devant être rendues, au plus tard, en février 2024.

Enfin, et au-delà des questions institutionnelles, les Outre-mer sont confrontés à bien d'autres problématiques, notamment sociales et environnementales, aussi prégnantes que l'accès à l'eau, qui n'ont été que partiellement abordées lors du CIOM de juillet 2023.

ANNEXES

ANNEXE N°1. PRINCIPALES LOIS RELATIVES AUX OUTRE-MER. CHRONOLOGIE

- Loi n° 61-814 du 29 juillet 1961 conférant aux îles Wallis et Futuna, le statut de territoire d'Outre-mer.
- Loi n° 88-1028 du 9 novembre 1988 portant dispositions statutaires et préparatoires à l'autodétermination de la Nouvelle – Calédonie en 1998
- Loi constitutionnelle n° 98-610 du 20 juillet 1998 portant dispositions transitoires relatives à la Nouvelle-Calédonie
- Lois organique n° 99-209 et ordinaire n° 99-210 du 19 mars 1999 relative à la Nouvelle-Calédonie
- Loi d'orientation n° 2000-1207 du 13 décembre 2000 pour l'Outre-mer
- Lois organique n° 2004-192 et ordinaire n°2024-193 du 27 février 2004 portant statut d'autonomie de la Polynésie française.
- Loi n° 2009-594 du 27 mai 2009 pour le développement économique des Outre-mer (LODEOM)
- Lois organique n° 2007-223 du 21 février 2007 et ordinaire n° 2007-224 du 21 février 2007 portant dispositions statutaires et institutionnelles relatives à l'Outre-mer
- Loi constitutionnelle n° 2007-237 du 23 février 2007 modifiant l'article 77 de la Constitution
- Loi n° 2009-594 du 27 mai 2009 pour le développement économique des Outre-mer

- Loi organique n°2009-969 du 3 août 2009 relative à l'évolution institutionnelle de la Nouvelle Calédonie et à la départementalisation de Mayotte.
- Loi organique n° 2010-92 du 25 janvier 2010 modifiant le livre III de la sixième partie du Code général des collectivités territoriales relatif à Saint Martin
- Lois organique n°2010-1486 et ordinaire n° 2010-1487 du 7 décembre 2010 relative au Département de Mayotte
- Lois organique n° 2011-883 et ordinaire n° 2011-884 du 27 juillet 2011, relative aux collectivités régies par l'article 73 de la Constitution
- Loi n° 2012-1270 du 20 novembre 2012 relative à la régulation économique Outre-mer et portant diverses dispositions relatives aux Outre – mer
- Loi n°2013-1029 du 15 novembre 2013 portant diverses dispositions relatives aux Outre-mer
- Loi organique n° 2015-987 du 5 août 2015 relative à la consultation sur l'accession de la Nouvelle – Calédonie à la pleine souveraineté
- Loi n°2015-1268 du 14 octobre 2015 d'actualisation du droit des Outre-mer
- Loi organique n° 2015-1485 du 17 novembre 2015 portant diverses dispositions relatives à la collectivité de Saint Barthélémy
- Loi n° 2017-256 du 28 février 2017 de programmation relative à l'égalité réelle Outre-mer
- Loi organique n° 2018-280 du 19 avril 2018 relative à l'organisation de la consultation sur l'accession à la pleine souveraineté de la Nouvelle-Calédonie
- Loi organique n° 2019-706 du 5 juillet 2019 portant modification du statut d'autonomie de la Polynésie française et loi n°2019-707 du 5 juillet 2019 portant dispositions institutionnelles en Polynésie française.

Annexe N°2

DECLARATION DE FORT-DE-FRANCE

Les populations de Martinique, de Guyane, de La Réunion, de la Guadeloupe, de Saint-Martin, de Mayotte, expriment chaque jour le besoin que les politiques publiques redeviennent des leviers de changement d'un quotidien fait d'inégalités sociales et économiques, d'une vie chère sur laquelle les populations n'ont aucune prise et de problématiques d'accès à des besoins essentiels comme la santé, l'éducation, l'emploi, le logement, etc.

Nos territoires des outre-mer vivent aujourd'hui une situation de mal-développement structurel à l'origine de ces inégalités de plus en plus criantes qui minent le pacte social.

Ces urgences et nos défis ne peuvent plus attendre. Le *statu quo* n'est plus acceptable.

L'heure est venue d'ouvrir ensemble une nouvelle étape de l'Histoire des pays d'outre-mer au sein de la République

En effet, une prise de conscience politique est nécessaire à tous les niveaux pour répondre aux légitimes attentes de justice sociale, mettre en œuvre une égalité républicaine respectueuse des différences et ouvrir de nouvelles perspectives d'avenir pour notre jeunesse. C'est pourquoi, nous souhaitons dans le cadre général de la politique de différenciation prônée au plus haut niveau de l'Etat :

- Refonder la relation entre nos territoires et la République par la définition d'un nouveau cadre permettant la mise en œuvre de politiques publiques conformes aux réalités de chacune de nos régions,

- Conjuguer la pleine égalité des droits avec la reconnaissance de nos spécificités, notamment par une réelle domiciliation des leviers de décision au plus près de nos territoires,

- Instaurer une nouvelle politique économique fondée sur nos atouts notamment géostratégiques et écologiques.

Nous ne voulons plus être mis dans la position de subir des politiques publiques inadaptées à nos réalités, alors que l'enjeu pour nos territoires est d'instaurer une nouvelle politique économique pour lutter contre le mal-développement dont nos peuples vivent les conséquences au quotidien.

Dans le « *pays natal* » d'Aimé Césaire, 76 ans après la loi du 19 mars 1946 et à la veille des 40 ans de la création des Régions d'outre-mer, il nous revient d'exiger que soit installé un nouveau cadre d'action à la hauteur de notre temps et des enjeux qui sont les nôtres.

Cet appel de Fort-de-France est donc un défi à agir sans délai et à ouvrir de nouvelles perspectives, en concertation avec nos populations.

Notre mobilisation conduit nécessairement à réclamer un dialogue exigeant et responsable avec le Président de la République qui doit prendre conscience de la gravité et de l'urgence de la situation afin d'aborder l'ensemble des questions économiques, sociales et institutionnelles qui se posent à chacun de nos territoires, pour le présent et pour l'avenir.

Réunis à Fort-de-France (Martinique) le lundi 16 mai 2021,

Ary CHALUS
Président du Conseil Régional de Guadeloupe

Huguette BELLO
Présidente du Conseil Régional de La Réunion

Serge LETCHIMY
Président de la Collectivité Territoriale de Martinique

Guy LOSBAR
Président du Conseil Départemental de Guadeloupe

Louis MUSSINGTON
Président du Conseil Territorial de Saint-Martin

Gabriel SERVILLE
Président de la Collectivité Territoriale de Guyane

Ben Issa OUSSENI
Président du Conseil Départemental de Mayotte

BIBLIOGRAPHIE

Jean Christophe Gay -L'outre-mer français : un espace singulier (Editions Belin 2008)

Jean Yves Faberon- Jacques Ziller : Droit des collectivités d'Outre-mer (LGDJ 2007)

Justin Daniel- L'Outre-mer à l'épreuve de la décentralisation (Editions L'Harmattan 2007)

Ferdinand Mélin Soucramanien - L'outre-mer français : un « modèle pour la République ? (Presses Universitaires de Bordeaux 2008)

Mathias Chauchat : Les institutions en Nouvelle- Calédonie (CDPNC 2011)

Outre-mer et devise républicaine – Actes du colloque du Cercle pour l'excellence des originaires d'outre-mer (Editions L'Harmattan 2012)

Christophe du Payrat : Pourquoi avoir fair de Mayotte le 101ème département français (Editions L'Harmattan 2012)

Alain Moyrand : Droit institutionnel de la Polynésie française (Editions L'Harmattan 2012)

Jean Courtial- Ferdinand Melin Soucramanien : Réflexion sur l'avenir institutionnel de la Nouvelle-Calédonie (La documentation française 2014)

Jean Luc Mathieu – La départementalisation de Mayotte (Editions L'Harmattan 2015)

Louis Boutrin – Raphaël Confiant : Décembre 2015, une nouvelle page de l'histoire de la Martinique (Caraïbéditions 2016)

Matthias Chauchat ; Les institutions en Nouvelle- Calédonie (Editions CDP 2011)

Michel Levallois : De la Nouvelle-Calédonie à Kanaky (Editions Vents d'ailleurs 2018)

Géraldine Giraudeau - Mathieu Maisonneuve : Dictionnaire juridique des Outre-mer (Editions LexisNexis 2021)

Justin Daniel- Carine David : 75 ans de départementalisation (Editions L'Harmattan 2021)

Nicolas Kada-André Fazi : Les collectivités territoriales à statut particulier en France (Editions Pater Lang 2022)

Outre les rapports parlementaires liés aux différents projets de lois institutionnels, on peut, par ailleurs, citer ceux émanant pour l'essentiel des délégations aux Outre-mer de l'Assemblée nationale et du Sénat (post révision constitutionnelle de juillet 2008):

Assemblée Nationale : Les perspectives de la départementalisation de Mayotte (Rapport d'information février 2009)
Assemblée nationale : La Nouvelle-Calédonie (Rapport d'information septembre 2013)
Assemblée Nationale : La collectivité d'outre-mer de Saint Martin (Rapport d'information - juillet 2014)
Assemblée Nationale : La Polynésie française (Rapport d'information Cion des lois - juillet 2015)
Assemblée Nationale : Quel avenir pour la Nouvelle- Calédonie ? (Rapport d'information mars 2017)
Assemblée Nationale : Evolutions institutionnelles dans les outre-mer (Rapport d'information juillet 2018)
Assemblée Natioinale : Les débats institutionnels dans les Outre-Mer (Rapport d'information juillet 2018)

Sénat : Drois et libertés des communes de Polynésie française, de l'illusion à la réalité (Rapport d'information décembre 2008)
Sénat : Les DOM : défis pour la République, chance pour la France (Rapport d'information juillet 2009)
Sénat : St Pierre et Miquelon : trois préfets plus tard, penser à l'avenir et éviter le naufrage (Rapport d'information février 2011)
Sénat : Guyane, Martinique, Guadeloupe : l'évolution institutionnelle, une opportunité, pas une solution miracle (Rapport d'information avril 2011)
Sénat : Nouvelle-Calédonie, le pari d'un destin commun (Rapport d'information Cion des lois – juin 2011)
Sénat : Mayotte confronté à de lourds défis (Rapport d'information juillet 2012)
Sénat : Nouvelle-Calédonie : continuer à avancer vers un destin commun (Rapport d'information Cion des lois- novembre 2014)
Sénat : Les îles Wallis et Futuna, assurer le développement dans le respect des spécificités locales (Rapport d'information Cion des lois - novembre 2014)
Sénat : Défis et opportunités–collectivités française des Amériques (Rapport d'information juillet 2016)

Sénat : La Polynésie Française : allier autonomie dans la République et subsidiarité dans la collectivité (Rapport d'information novembre 2017)
Sénat : Les îles Eparses : un territoire à préserver (Rapport d'information juillet 2020)
Sénat : Différenciation territoriale outre-mer – quel cadre pour le sur-mesure. (Rapport d'information septembre 2020)
Sénat : Les Outre-mer au coeur de la stratégie maritime nationale (Rapport d'information mars 2022)
Sénat : Les financements de l'Etat en Outre-mer (Rapport d'information mai 2022)
Sénat : Les Outre-mer dans la Constitution (Rapport d'information juillet 2022)
Sénat : L'avenir institutionnel de la Nouvelle-Calédonie (Rapport d'information août 2022)
Sénat : Rencontre avec les maires d'outre-mer (Rapport d'information novembre 2022)
Sénat : L'évolution institutionnelle des outre-mer (Rapport d'information février 2023)

Conseil économique, social et environnemental : Pour un renforcement de la coopération régionale des Outre-mer (Avis 2011)

Cour des comptes : La situation financière des communes des départements d'outre-mer (Rapport public thématique 2011)
Cour des comptes : L'autonomie fiscale des collectivités d'outre-mer (Rapport public thématique 2013)
Cour des comptes : La départementalisation de Mayotte (Rapport public thématique 2015)
Cour des comptes : Quel développement pour Mayotte (Rapport public thématique 2022)

Rapport au Premier Ministre, de la mission d'écoute et de conseil sur l'avenir institutionnel de la Nouvelle-Caledonie -Octobre 2016

IEDOM - IEOM : Rapports annuels economiques sur chaque département et collectivité d'Outre-mer
IEDOM – IEOM : Note sur les évolutions statutaires et institutionnelles des outre-mer 2007

TABLE DES MATIÈRES

INTRODUCTION
DES COLONIES AUX OUTRE-MER 9

CHAPITRE I
LES STATU QUO 19

1. LES DEPARTEMENTS ET REGIONS D'OUTRE-MER (DROM) 19
   1.1. GUADELOUPE 20
   1.2. LA REUNION 25

2. UNE COLLECTIVITE D'OUTRE-MER : WALLIS ET FUTUNA 27
   2.1 AU PLAN INSTITUTIONNEL 29
      2.1.1. L'imbroglio constitutionnel 29
      2.1.2. Les institutions 31
         2.1.2.1. L'administrateur supérieur 31
         2.1.2.2. L'Assemblée territoriale 32
         2.1.2.3. Les circonscriptions 34
         2.1.2.4. Les juridictions 37
      2.1.3. Au plan des compétences 38
         2.1.3.1. Les compétences des institutions de le République 38
         2.1.3.2. Les compétences de l'assemblée territoriale 40
         2.1.3.3. Les compétences des autorités coutumières 41

CHAPITRE II
LES EVOLUTIONS DANS LE CADRE
D'UN MEME STATUT 47

1. POLYNESIE FRANÇAISE 48
   1.1. AU PLAN INSTITUTIONNEL 50
   1.2. AU PLAN DES COMPETENCES 53
      1.2.1. La répartition des compétences Etat / Collectivité de Polynésie 54
         1.2.1.1. Les compétences de l'Etat 54
         1.2.1.2. Les compétences de la Collectivité de Polynésie 55

1.2.1.3. Les compétences partagées de l'Etat e
t de la Collectivité 57
1.2.2. La question communale 58
1.2.2.1. Les principes généraux 58
1.2.2.2. La question de la fonction publique
et de la fiscalité communale 61
1.2.2.2.1. La fiscalité communale 61
1.2.2.2.2. La fonction publique communale 62

2. LES TERRES AUSTRALES ET ANTARCTIQUES FRANÇAISES (TAAF) ET L'ILE DE CLIPPERTON 64
2.1. LE STATUT JURIDIQUE DES TAAF 67
2.1.1. Un statut relevant de la loi 67
2.1.2. La spécialité législative 68
2.2. LES INSTITUTIONS 70
2.2.1. L'Administrateur supérieur 70
2.2.2. Le conseil consultatif 71
2.3. L'ORGANISATION ADMINISTRATIVE 72
2.3.1. L'organisation au siège 73
2.3.2. Les districts 73

CHAPITRE III
LES COLLECTIVITES UNIQUES 75

1. GUYANE 77
1.1. LES ORGANES DE LA COLLECTIVITE UNIQUE. 78
1.2. LES COMPETENCES DE LA COLLECTIVITE UNIQUE. 79

2. MARTINIQUE 81
2.1. LES ORGANES DE LA COLLECTIVITE UNIQUE. 82
2.2. LES COMPETENCES DE LA COLLECTIVITE UNIQUE. 84

CHAPITRE IV
MAYOTTE : « DEPARTEMENTALISATION »
OU COLLECTIVITE UNIQUE ? 87

1. UN LONG PROCESSUS INSTITUTIONNEL CONDUISANT A LA DEPARTEMENTALISATION 88

2. L'EVOLUTION VERS LE DROIT COMMUN : DE LA SPECIALITE A L'IDENTITE LEGISLATIVE 90
2.1. DU PRINCIPE DE LA SPECIALITE LEGISLATIVE A LA MARCHE VERS L'IDENTITE LEGISLATIVE 90

2.2. Le principe de l'identite legislative generalise en 2011 93

3. Les institutions mahoraises 94
3.1. Le Conseil departemental 94
3.2. Le CESEM et le CCEEM 94
3.3. Les competences du Conseil departemental 94

CHAPITRE V
LA « COMISATION » 97

1. St Pierre et Miquelon 99
1.1. Une tres grande instabilite statutaire 100
1.2. Des competences enchevetrees 104
1.2.1. L'État 104
1.2.1.1. Missions régaliennes de l'État 104
1.2.1.2. Autres missions de l'Etat 105
1.2.2. Le Conseil territorial 106
1.2.3. Les communes 107
1.3. La convention du 12 decembre 1989 108
1.3.1. Une convention antérieure au nouveau statut 108
1.3.2. Une convention obsolète et non évaluée 110

2. St Barthelemy – St Martin 112
2.1. Les institutions de St Barthelemy et St Martin 114
2.1.1. Les institutions locales 114
2.1.2. Une représentation de l'Etat spécifique 115
2.2. Les competences de St Barthelemy et St Martin 116

CHAPITRE VI
L'EXPECTATIVE : LA NOUVELLE-CALEDONIE 119

1. Des evolutions institutionnelles tres nombreuses 121
1.1. Les Accords de Matignon-Oudinot et le referendum du 7 novembre 1988 122
1.2. L'Accord de Noumea et la loi constitutionnelle n° 98-610 du 20 juillet 1998 123

2. L'organisation politique et administrative 125
2.1. Les institutions 126
2.1.1. Le Haut-commissaire de la République 126
2.1.2. Le Congrès 126
2.1.3. Le Gouvernement 126

2.1.4. Les provinces 127
2.1.5. Les communes 128
2.1.6. Les institutions consultatives 128
2.1.6.1. Le Sénat Coutumier 128
2.1.6.2. Le Conseil économique, social et environnemental 128

3. LES COMPETENCES 128
3.1. LES COMPETENCES DES PROVINCES 129
3.2. LES COMPETENCES PROPRES DE LA NOUVELLE-CALEDONIE . 130
3.3. LES COMPETENCES EXCLUSIVES DE L'ÉTAT 131
3.4. LES COMPETENCES PARTAGEES 131

4. LA QUESTION DU CORPS ELECTORAL ET LES REFERENDUMS 132
4.1. LA QUESTION DU CORPS ELECTORAL 134
4.2. LES TROIS REFERENDUMS SUCCESSIFS 136
4.2.1. Le Référendum du 4 novembre 2018 136
4.2.2. Le Référendum du 4 octobre 2020 137
4.2.3. Le Référendum du 12 décembre 2021 138

CONCLUSION
LES OUTRE-MER 145

ANNEXES 149
BIBLIOGRAPHIE 155

Structures éditoriales du groupe L'Harmattan

L'Harmattan Italie
Via degli Artisti, 15
10124 Torino
harmattan.italia@gmail.com

L'Harmattan Hongrie
Kossuth l. u. 14-16.
1053 Budapest
harmattan@harmattan.hu

L'Harmattan Sénégal
10 VDN en face Mermoz
BP 45034 Dakar-Fann
senharmattan@gmail.com

L'Harmattan Cameroun
TSINGA/FECAFOOT
BP 11486 Yaoundé
inkoukam@gmail.com

L'Harmattan Burkina Faso
Achille Somé – tengnule@hotmail.fr

L'Harmattan Guinée
Almamya, rue KA 028 OKB Agency
BP 3470 Conakry
harmattanguinee@yahoo.fr

L'Harmattan RDC
185, avenue Nyangwe
Commune de Lingwala – Kinshasa
matangilamusadila@yahoo.fr

L'Harmattan Congo
219, avenue Nelson Mandela
BP 2874 Brazzaville
harmattan.congo@yahoo.fr

L'Harmattan Mali
ACI 2000 - Immeuble Mgr Jean Marie Cisse
Bureau 10
BP 145 Bamako-Mali
mali@harmattan.fr

L'Harmattan Togo
Djidjole – Lomé
Maison Amela
face EPP BATOME
ddamela@aol.com

L'Harmattan Côte d'Ivoire
Résidence Karl – Cité des Arts
Abidjan-Cocody
03 BP 1588 Abidjan
espace_harmattan.ci@hotmail.fr

Nos librairies en France

Librairie internationale
16, rue des Écoles
75005 Paris
librairie.internationale@harmattan.fr
01 40 46 79 11
www.librairieharmattan.com

Librairie des savoirs
21, rue des Écoles
75005 Paris
librairie.sh@harmattan.fr
01 46 34 13 71
www.librairieharmattansh.com

Librairie Le Lucernaire
53, rue Notre-Dame-des-Champs
75006 Paris
librairie@lucernaire.fr
01 42 22 67 13

www.ingramcontent.com/pod-product-compliance
Lightning Source LLC
LaVergne TN
LVHW021223061026
849535LV00008B/2894
* 9 7 8 2 3 3 6 4 1 4 3 3 1 *